Lb⁴¹ 480

7

# VERTUS,

ESPRIT ET GRANDEUR

DU BON ROI

# LOUIS XVI.

# VERTUS,
## ESPRIT ET GRANDEUR
#### DU BON ROI
# LOUIS XVI.

### PAR DEMONVILLE.

---

Caducam Coronam regiam, ac brevi evanescentia Lilia, cùm perenni aliâ Coronâ ex immortalibus Angelorum Liliis contextâ, feliciter illum commutasse confidimus.

ACTA PII VI, *de nece Ludovici XVI.*

---

A PARIS,
CHEZ DEMONVILLE, IMPRIMEUR-LIBRAIRE,
RUE CHRISTINE, N° 2.

1816.

# VERTUS,

## ESPRIT ET GRANDEUR

### DU BON ROI

## LOUIS XVI.

Considérons pour un moment l'infortuné Louis XVI, abstraction faite de son auguste rang ; oublions qu'il avoit à soutenir la gloire de soixante-six Rois, ses prédécesseurs sur un Trône illustre : quel pompeux, quel intéressant éloge va sortir du tableau des nombreuses vertus que Louis a su pratiquer avec tant de constance ! Mais dans le siècle où nous vivons, les Rois sont estimés à peine pour les actions vertueuses qui font le vrai mérite et la gloire des autres hommes. Représentans du Souverain de la nature, les Princes sont, aux yeux de leur Peuple, responsables de son bonheur : et ce Peuple, trop souvent la dupe de la première faction qui sait le flatter avec adresse, s'oppose au bien qu'ils veulent opérer, leur reproche le mal que lui seul crée par un esprit de rebellion et d'indépendance, et les juge alors sans pudeur d'après les événemens d'un règne malheureux, dont il a sans aucun motif conspiré le désastre. Eh ! quelle Tête couronnée nous en offre un souvenir plus touchant que le vertueux

Louis! quelle plus innocente victime de l'insubordination d'un Peuple en démence! ou plutôt, quel plus noble martyr de la scélératesse d'une horde infernale, qui s'étoit promis, depuis longues années, et le renversement de l'Autel qui l'offusquoit (1), et le renversement du glorieux Trône, qui en étoit le plus ferme appui!

Il ne s'agit donc pas seulement, pour montrer Louis dans tout son lustre, de rappeler ici la conduite de ce modèle

---

(1) Ecrasons l'*infame*, écrivoit Voltaire à d'Alembert et autres. C'est la Religion catholique avec son Auteur, qui étoit ainsi désignée par ces messieurs dans leur correspondance. Il falloit, pour venir à bout de ce dessein, saper les fondemens de la Monarchie françoise, qui étoit le cœur de la Chrétienté. Tel est le véritable principe de la Révolution, à quoi se sont jointes ensuite les passions particulières des individus, qui ont peut-être été

si parfait de tendresse conjugale, les soins assidus de ce bon père à former le cœur et l'esprit de ses enfans, et tous les actes de bienfaisance qui le proclament le plus éclairé des sages qu'anima l'amour de l'humanité : il faut aussi faire connoître, que, dans la position fâcheuse où il se trouva, il ne pouvoit, plus dignement qu'il l'a fait, tenir le sceptre et porter la couronne. Voilà ce qu'il importe de prouver pour la gloire de ce Monarque : tel est l'honorable but que je me propose.

---

plus loin que ne vouloit le parti. Le gouvernement de Buonaparte convenoit bien à la Secte, parce qu'il lui laissoit toute liberté pour influencer l'Esprit public contre la croyance orthodoxe. Aussi les *Initiés* s'écrièrent-ils, au retour des Bourbons, et disent-ils encore dans leurs regrets : « Quel dommage, tout le fruit de la Révolution est perdu pour notre cause ! »

Je ferai voir, je l'espère, que par l'assemblage de ses vertus LOUIS n'eut aucun égal dans son siècle; et je ferai ressortir non moins vivement les éminentes qualités qui lui assignent sa place à la tête des grands Rois. Plein d'amour et d'enthousiasme pour son illustre Personne, je veux le présenter dans toute la Majesté du Trône, et faire luire de tout leur éclat ses hautes pensées pour le bonheur de la France.

C'est alors que LOUIS LE BON vous apparoîtra dans toute sa Grandeur; et vous pourrez juger combien son règne eût été plus glorieux encore, s'il avoit rencontré des Sujets qui répondissent mieux à son affection paternelle, s'il avoit vécu dans un temps où le bien eût été possible !

Puissé-je troubler ainsi d'un remords salutaire, et ceux qui n'ont pas su profiter des talens du plus sage des Princes, et ceux qui ont abusé, avec tant de perfidie, de la rare bonté du plus magnanime des hommes!

## VERTUS DU BON ROI.

VENEZ, cortége aimable des Vertus de LOUIS; ou plutôt, descendez, assemblée sainte de toutes les Vertus émanées du Trône Céleste. Quelle est, en effet, celle de vous qui ne fut pas présente à l'un des instans de sa vie ! Venez, par vos révélations, jeter quelques fleurs sur sa tombe. Séparez-vous en deux groupes divers, suivant que vous avez contribué davantage à la perfection de sa vie privée, ou à l'accomplissement de ses devoirs publics. Faites-nous d'abord connoître ce qui l'élève si haut comme chrétien; dites sa vive Sensibilité, sa Piété Filiale, son Humanité, sa Charité dès sa jeunesse et sur le trône; sa Tendresse Conjugale, son Amour Paternel, sa Grandeur d'Ame à oublier les mauvais procédés et les injures; sa Gratitude personnelle, sa constante Bonté : et si tout cela ne justifie pas encore la Couronne de Sainteté qu'il paroît avoir obtenue, apprenez-nous sa Piété, son Zèle Apostolique, sa Soumission aux Lois de l'Eglise, sa patiente Résignation, et son Humilité Chrétienne. Découvrez ensuite ce Roi, tout rayonnant de sa gloire, à la France étonnée de l'avoir méconnu. Montrez-nous successivement son Horreur du Mensonge, son Activité, son Instruction, l'Etendue et la Force de son Jugement, sa Présence d'Esprit, sa Sagesse, sa Modestie, son Austérité personnelle, sa Sévérité publique pour les Mœurs, sa Fermeté, sa Justice, sa Régularité dans les affaires, son Amour de l'Ordre, sa généreuse Economie, son Intrépidité, sa Dignité, son Affabilité, son aimable Simplicité, sa Paternité envers son Peuple, sa Délicatesse et sa Fidélité dans les engagemens, ses Sentimens d'Honneur National, et son incomparable Clémence.

C'est ainsi que s'exprimoit mon admiration pour LOUIS, quand, fidèles à ma voix, m'apparurent les deux saints groupes dans l'ordre que j'avois désigné. Une Beauté noble et sévère, ouvrant la marche triomphale, s'avance alors d'un pas majestueux, et me dit ces paroles avec calme et bonté : Suis-je donc inconnue de toi, ou seroit-ce que l'ÉQUITÉ, germe fécond de toutes les qualités du cœur, séve nourricière de toutes celles de l'esprit, la première enfin des Vertus humaines, qui la plupart la reconnoissent pour leur mère, te sembleroit indigne du triomphe de LOUIS ?

## VERTUS

Ecris : je vais te découvrir les motifs admirables des actions de ce vertueux Roi.

Dès son adolescence, LOUIS fait voir l'Equité naturelle qui doit mûrir toutes ses vertus. Il s'aperçoit, étant Dauphin, que son cocher, un jour de grande chasse, va traverser des pièces de froment pour se rendre plus vite à la curée du cerf. « Ce » blé ne nous appartient pas, s'écrie- » t-il, nous ne devons pas l'endomma- » ger. » Et il ordonne aussitôt de suivre la route ordinaire. *Ah! que la France doit se féliciter d'avoir un Prince si juste!* pourrois-je m'écrier, comme on l'entendit prononcer avec tant de chaleur d'ame à Monsieur le Comte d'Artois, témoin de ces paroles de LOUIS, si je ne me rappelois qu'il étoit écrit par une plus haute justice, que la justice et la bonté du Roi contribueroient au malheur d'un Peuple, qui ne se montra point assez digne de ses vertus.

Un autre trait pourra prouver encore les scrupuleux principes, et la probité de Louis. Son affection pour M. de Conflans, officier dans les troupes légères, étoit si prononcée, qu'il avoit coutume de le faire monter dans son carrosse pour aller aux rendez-vous de chasse. Un jour, où ce Seigneur arriva au milieu du souper pour présenter au Roi le pied du cerf dont le Prince avoit abandonné la poursuite quelques heures plutôt, Louis, tout joyeux, embrassa M. de Conflans, et le fit asseoir à côté de lui. Néanmoins, dans une autre circonstance, le même officier se permet-il, devant son Maître, de répondre à ceux qui le plaisantent sur ses maraudages, « *Il est vrai que j'ai pillé comme un autre ; mais depuis que j'ai deux cent mille livres de rente, je suis devenu honnête homme ?* » le Roi rougit aussitôt, concevant un juste regret d'avoir si mal placé son affection ; et il montre toute son horreur pour une telle morale, en ne daignant plus parler à ce Seigneur une seule fois de la journée.

Mais, je puis l'ajouter à la louange de Louis : son Equité n'étoit pas seulement l'habitude d'un esprit droit, à laquelle la bonté de l'ame peut être étrangère ; elle étoit aussi l'élan d'un cœur sensible, rempli d'un véritable amour pour tous ses semblables. Les empressemens de la flatterie, l'éclat du Trône, les soins les plus actifs de la Couronne ne purent jamais étouffer cette Sensibilité, que sa Tendresse filiale va bientôt faire connoître.

DU BON ROI LOUIS XVI.

Lorsque, pour la première fois, LOUIS-AUGUSTE (1) entend ses gens, qui le précèdent, annoncer avec emphase : *Monsieur le Dauphin;* ce nouveau titre, loin de le distraire de sa douleur, lui fait sentir plus vivement la perte de son père : il fond en larmes ; il est obligé de suspendre la visite qu'il alloit faire à son aïeul. A la mort de ce dernier, l'évêque de Verdun demande-t-il à être introduit auprès du nouveau Roi : « C'est l'ami de mon père, faites entrer » M. de Nicolaï, » dit le Prince ; aussitôt

---

(1) Le Roi reçut ces deux noms à son Baptême. Voici le quatrain qu'on fit pour son portrait, dans les premiers jours de son règne :

Louis est le nom que je prends ;
C'est le nom de mon père, et ce sera ma fête :
Celui d'Auguste, je le rends ;
Je l'aurai par droit de conquête.

il s'avance vers le Prélat, reçoit avec un religieux respect la cassette qu'il lui présente comme gage de l'amour paternel, et s'écrie en la baisant et l'arrosant de ses pleurs : « Ah! mon père, mon père, que n'êtes-vous » à ma place, pour faire mon bonheur et ce- » lui d'un grand Peuple, qui n'a que ma jeu- » nesse pour ressource! » Rassurez-vous, bon Prince, votre jugement est mûr, il est dans toute sa force ; et si ce Peuple n'est pas heureux sous votre gouvernement paternel, l'Histoire est là, qui le juge, voit les temps, et vous admire.

Aucun don de la nature ne devoit avorter dans l'ame de Louis-Auguste. Cette Sensibilité, qui dégénère en irritation de nerfs, en mouvemens purement physiques dans les frêles complexions, ou en colère et violence dans les tempéramens plus forts que ne mo-

## DU BON ROI LOUIS XVI.

dère pas le sentiment de la justice, cette Sensibilité, conduite par un esprit de sagesse, produit chez LOUIS une foule de traits d'HUMANITÉ, vraiment admirables dans les Rois, qui sans cesse entendent retentir à leurs oreilles que le Peuple vit seulement pour eux. Pensée bien étrangère au cœur aimant de LOUIS, qui ne vécut que pour son Peuple !

Un factionnaire ayant péri par la rigueur du froid à la porte de l'infortuné Dauphin, l'officier supérieur présenté la chose comme l'un de ces inconvéniens d'état auxquels il est impossible de remédier : « Vous le croyez,
» reprend LOUIS avec émotion, eh bien!
» moi, je vois un moyen très-simple d'em-
» pêcher que mon service ne tue personne;
» c'est qu'à dater d'aujourd'hui, et tant
» que ce froid durera, j'entends qu'on sup-

» prime les sentinelles extérieures, et que
» tout le service du dehors se borne aux pa-
» trouilles. »

Mais s'il est témoin lui-même d'un funeste accident, on pourra juger mieux encore, combien son cœur est humain. Pourquoi, sur la grande route, revient-il à pied avec un visage si triste? le postillon qui le conduisoit s'est blessé en tombant de cheval, et le Roi est arrivé le premier au secours de son domestique. S'élancer du carrosse, le prendre entre ses bras, aider à le poser dans sa voiture, ne fut que l'affaire d'un moment.

Cet autre trait, qui n'a pas grande importance par lui-même, montre au moins que Louis étoit toujours occupé de l'intérêt de ses semblables. Il s'étonne, dans une de ses promenades, de voir encore sur pied des foins qui devroient être fauchés;

il s'en inquiète pour les propriétaires, et il apprend bientôt que ses gardes ont défendu de faucher avant la Saint-Pierre, afin de conserver quelques nids de perdreaux. « Eh » bien! dit le ROI aux paysans, je vous » ordonne de faucher dès aujourd'hui; et » vous direz à ceux qui vous demanderont » l'amende, que je me suis chargé de la leur » payer pour vous. »

Comment un Prince si compatissant n'auroit-il pas redouté les maux affreux de la guerre, quelque gloire personnelle qu'il pût y acquérir! Le comte de Vergennes lui annonce un avantage remporté sur la flotte angloise : « Je ne peux me réjouir d'une » bataille gagnée, dit le ROI, quand je » songe au sang qu'elle a coûté ; puisse » donc ce nouveau succès être la dernière » de mes peines, et nous amener la paix ! »

N'oublions pas non plus ces paroles de

Louis, dans une autre circonstance, où l'on vouloit rompre avec l'Autriche : « Si » nous avons la guerre, n'ayons à nous » reprocher aucun tort qui l'ait provoquée : » cette certitude peut seule aider à supporter » les maux inévitables qu'elle entraîne. Une » telle détermination doit être l'acte le plus » mûrement réfléchi ; car c'est prononcer » au nom de la patrie, que son intérêt » exige d'elle le sacrifice d'un grand nombre » de ses enfans. »

La paix, sans laquelle il n'y a point d'abondance pour les riches, devoit être en effet le vœu le plus ardent d'un cœur rempli de sollicitude pour les pauvres. Un arrêt du parlement de Toulouse dit : que plus on exportera de grains au dehors, plus il y aura abondance au dedans ; qu'il importe peu que les denrées soient chères ; qu'on ne doit être touché que de leur rareté. « Admi-

» rez, dit LOUIS, la belle logique de ces
» Messieurs! on voit bien qu'ils ne sont
» pas de la classe qui achète le blé! plus
» on exportera de grains, plus il y aura
» abondance dans la maison du vendeur;
» mais en sera-t-il de même dans la cabane
» de l'acheteur ? Si la cherté des denrées
» importe peu au riche propriétaire, elle im-
» porte infiniment au pauvre consommateur;
» et c'est une cruelle erreur que de penser
» qu'on ne doit être touché que de la rareté et
» non de la cherté des vivres, cette cherté
» ayant le même inconvénient pour le pau-
» vre, dont le salaire journalier ne se trouve
» plus en proportion avec le prix de sa sub-
» sistance ordinaire. »

Il appartenoit bien au ROI de défendre
avec cette chaleur la cause des indigens,
dont il s'étoit toujours montré le père.

Mais écoutons-le lui-même faire l'aveu de sa CHARITÉ.

Le président d'une assemblée conspiratrice ose lui reprocher ses aumônes et ses bienfaits. « Ah! Monsieur, répond-il, je
» n'ai jamais goûté de plaisir plus doux, que
» de donner à ceux qui avoient besoin. »

Au reste, sa Charité n'étoit pas moins éclairée qu'ardente. Avant d'être assis sur le trône, il se faisoit remettre, par tous les curés de Versailles, un état des pauvres de leur paroisse; et après avoir fait prendre des renseignemens précis sur la position de chacun, le DAUPHIN répartissoit dans la juste proportion du besoin des familles, tout ce que Louis XV lui donnoit par mois pour ses menus plaisirs. Je ne dois pas taire cependant, que le jeune Prince conservoit la modique somme de quarante-huit francs, pour ce qu'il appeloit *ses bonnes fortunes*, c'est-à-dire, pour ses charités imprévues.

Louis-Auguste vouloit quelquefois voir de ses propres yeux les souffrances des pauvres, afin d'entretenir sa pitié pour le malheur. Visiter le paysan dans sa chaumière, le soulager dans sa détresse, le consoler dans ses maladies, l'éclairer de ses conseils, fut un devoir qu'il s'imposa de bonne heure. Surpris un jour par un des officiers de sa maison, dans ces actes de bienfaisance, il voulut en plaisanter, pour éviter un éloge dont sa modestie eût souffert : « Il est bien singulier, dit-il, que je » ne puisse aller *en bonne fortune*, sans « qu'on le sache ! » Exposer sa vie en portant des aumônes et des consolations aux malades, voilà *les bonnes fortunes* de Louis. Sa Charité le met au-dessus de tous les dégoûts, que l'élévation de son rang devroit lui rendre si naturels. Environné de gens que des maladies hideuses défiguroient en partie, il dit à ceux qui vouloient les faire écarter, dans la crainte que leur approche ne fût pénible ou même contagieuse pour sa personne : « Qu'on les laisse, ils » sont des hommes : ils ont les mêmes droits » que les autres. »

Ce n'est pas toutefois que la Charité du Prince ait besoin d'être éveillée par le spectacle présent de l'infortune ou de la douleur. Il apprend qu'un vaisseau françois a fait naufrage sur les côtes de Guinée, et que sept hommes de son bord sont au pouvoir des nègres, qui les traitent avec barbarie. Aussitôt son cœur s'enflamme ; il presse le départ de deux navires, et graces à ses largesses, quatre de ces malheureux sont tirés de l'esclavage dans lequel ils languissoient, sont sauvés de la mort prochaine, à laquelle ils auroient succombé sans doute, comme leurs trois autres compagnons.

Telle est la CHARITÉ DU DAUPHIN, voyons maintenant celle DU ROI.

Une sécheresse opiniâtre occasionne et disette et cherté de fourrages : LOUIS décide que tous ceux de ses magasins seront vendus au prix d'achat; qu'il sera publié une instruction sur le mode de convertir les jachères en prairies momentanées, ainsi que sur la culture des plantes utiles à la nourriture des bestiaux; et pour la ressource du moment, ce Prince autorise tous les gens de la campagne à conduire leurs troupeaux dans les bois et les forêts de ses domaines, à en couper l'herbe, à émonder les arbres, dont les feuilles pourront provisoirement suppléer le fourrage. Un des officiers prétend-il que cela entraîneroit un grand dégât: à Dieu ne plaise que par une vaine délicatesse de langage, j'omette ou change le moindre mot de ce dialogue qui peint l'ame de Louis. « Vous voudriez » donc sacrifier des bœufs pour économiser » des fagots. » — « Mais, ces fagots appar- » tiennent à Votre Majesté. » — « Ah ! » Monsieur, reprend le Roi, tout ému, » est-ce donc que ce Peuple que vous voyez » dans la détresse ne vous paroît pas autant » mon Peuple, que ces fagots sont mes fagots? » Ce bienfait du Roi eut les suites les plus heureuses ; car son exemple fut aussitôt suivi par la plupart des propriétaires de forêts.

Un autre acte de bienfaisance n'eut pas de moins nombreux imitateurs. Touché de compassion pour les portefaix et commissionnaires, exposés à toute la rigueur du froid, qui cette année-là étoit excessif, il fait établir des foyers gratuits dans les places où ces braves gens se tiennent aux ordres du public. Il en laisse même introduire aux feux de son propre palais.

Dans le même hiver, le ROI, pour venir au secours des artisans sans ouvrage, qui augmentoient dans une proportion effrayante le nombre déjà considérable des pauvres, ne voulant pas les laisser désoccuppés et misérables, leur fait bêcher la neige dans les rues de Versailles, et leur alloue le prix de la journée, comme si ces travaux étoient nécessaires. Bien plus, pour procurer du chauffage aux indigens, il ordonne un abatis considérable dans les bois de son domaine, qui avoisinent la capitale. En vain un Ministre propose de vendre ce bois à vil prix : « Voudriez-vous vendre mon bois, dit LOUIS-AUGUSTE, à des malheureux qui manquent de pain ? » Il eût mieux aimé sans doute en manquer lui-même, que de voir ses enfans en être privés un seul jour. Il apprend la désolation et la détresse que le cruel hiver de 1784 apporte dans quelques provinces de ses États, et il sait que le trésor public ne peut donner les sept millions de livres que réclament les plus pressans de ces besoins. « De tels malheurs, dit le Roi à » son Ministre, nécessitent un prompt se- » cours. Avisez à tels expédiens qu'il vous » plaira; retranchez sur moi, retranchez sur » la Reine; mais il faut que ce nécessaire se » trouve. »

Louis eût voulu étendre son Humanité et sa Charité jusqu'aux deux bouts du monde, sur ses amis et sur ses ennemis. Typoo-Saïb lui fait demander, par ses ambassadeurs, ce qu'il pourroit faire qui lui fût agréable : « Dites au Sultan, répond le Prince, que » rien ne me sera plus agréable de sa part,

» que de m'accorder la liberté des Anglois
» qu'il retient prisonniers dans son Em-
» pire. » Connoît-il les désastres de la Ca-
labre ; les gémissemens de la ville de Messine
ont-ils retenti jusqu'au fond de son cœur :
il fait expédier des ordres, pour que, du
port de Marseille, on envoye sans délai qua-
rante mille mesures de farine, et tous les
genres de secours nécessaires dans une si
effroyable calamité.

Lorsqu'il étoit Dauphin, il eut une autre
occasion de manifester à-la-fois son Humanité et sa Charité. L'on se rappellera toujours autant la profusion de ses aumônes,
après les fâcheux événemens qui signalèrent la
fête de son mariage, que l'abondance de ses
larmes sur les victimes de cette triste journée. Il falloit que sa douleur fût bien profonde, pour qu'elle parût l'emporter sur la
joie de son hymen avec la plus belle et la plus

intéressante des Princesses! Qui n'a pas entendu parler en effet de la TENDRESSE CONJUGALE DU ROI?

LOUIS chérit MARIE-ANTOINETTE de toute la force de son ame, et chercha soigneusement les moyens de lui prouver son affection par sa confiance et ses égards. Le souvenir du caractère aimable de l'une, et des qualités heureuses de l'autre, peut donner à penser quelle étoit la douceur de cette union! Elle fut la seule consolation qu'ils goûtèrent, mais une grande consolation au milieu des tourmens continuels de leur vie politique.

Toutefois, si l'on pouvoit ignorer avec quelle vigilance et quelle constance de soins LOUIS tâcha d'assurer le bonheur de la Reine, qu'on jette les yeux sur son testament; alors on apercevra sans peine jusqu'à quel point il avoit dû porter la délicatesse de sentimens dans l'intérieur de son ménage ; et ce n'est pas sans dessein, que je me sers de cette expression, puisqu'aucune autre ne sauroit mieux faire entendre que LOUIS-AUGUSTE sut ramener et goûter dans son rang, l'excellence, trop peu connue, des mœurs patriarcales.

Préoccupé de sa mort prochaine, inquiet de l'abandon funeste dans lequel il va laisser sa chère épouse, craignant que je ne sais quels reproches injustes de luxe et de légèreté, faits par le Peuple à MARIE-ANTOINETTE, ne soient, pour son cœur vertueux, l'équivalent de torts réels à l'égard d'un époux infortuné, avec quels ménagemens LOUIS justifie la Reine! avec quelle candeur il demande pour lui une même indulgence! « Je » prie ma femme de me pardonner tous les

» maux qu'elle souffre pour moi, et les cha-
» grins que je pourrois lui avoir donnés pen-
» dant le cours de notre union, *comme elle*
» *peut être sûre que je ne garde rien contre*
» *elle, si elle croyoit avoir quelque chose à se*
» *reprocher.* »

O magnanime époux ! que vous connûtes bien toutes les délicatesses de l'Amitié ! Non, certes, la Reine n'a rien à se reprocher ; mais qui sait ce que pourroient lui dire les scrupules d'une ame trop sensible ? Pour vous, Louis-Auguste, jamais vous ne causâtes de chagrins à cette digne épouse. Elle a éprouvé sans doute des peines affreuses ; mais fière de vous appartenir, et d'avoir su justifier votre amour, elle imita votre résignation à la volonté divine dans ce lot de douleurs qui lui fut réparti ; et elle se fût trouvée heureuse d'en supporter mille fois davantage, plutôt que de regretter la gloire de votre alliance, et l'honneur de votre affection.

Il ne faut pas croire cependant, que LOUIS eut pour la Reine une tendresse aveugle : malgré la vivacité de ses sentimens pour elle, il refusa de lui donner une parure de pierreries, dont l'acquisition paroissoit un de ses desirs ; parure qui seroit devenue bientôt un sujet de tourmens réels pour MARIE-ANTOINETTE, si la pureté de son ame n'avoit été rendue notoire par le grand caractère que déploya le ROI !

Connois-tu ce portrait, me dit alors la NOBLE EQUITÉ, en me présentant un médaillon sur lequel je reconnus MADAME ? Qui forma ce cœur à la vertu ? Qui lui transmit, pour héritage, la dignité dans le malheur, la résignation dans les peines, la charité la plus active dans le bonheur, la piété la plus affermie dans l'élévation ? les soins d'un père vigilant et sage. C'est chez LOUIS, en effet, qu'on trouve le modèle accompli de l'AMOUR PATERNEL.

Le ROI se plaisoit à instruire lui-même ses enfans, à développer leur naturel heureux, leur amour pour le Peuple françois, leur reconnoissance envers le Créateur de toutes choses ; jamais il ne laissoit échapper l'occasion de les entretenir des qualités qu'exigeoit leur rang, et des vertus qui convenoient à leur sexe.

Quoi de plus sage que la conduite qu'il trace au précepteur du premier Dauphin !
« Apprenez-lui de bonne heure à savoir par-
» donner l'injure, à oublier l'injustice, à
» récompenser les actions louables, à res-
» pecter les mœurs, à être bon, à recon-
» noître les services qui lui ont été rendus.
» Parlez-lui souvent de la gloire de ses

» aïeux, et offrez-lui pour modèle de con-
» duite, Louis IX, Prince religieux, ami
» des mœurs et de la vérité ; Louis XII, qui
» ne veut point punir les injures du duc
» d'Orléans, et qui reçoit des François le
» titre de Père du Peuple ; le Grand Henri
» qui nourrit la ville de Paris qui l'outrage
» et lui fait la guerre ; Louis XIV, non lors-
» qu'il donne des lois à l'Europe, mais lors-
» qu'il pacifie l'Univers, et qu'il est le pro-
» tecteur des talens, des sciences et des
» beaux arts. Ce n'est point des exploits
» d'Alexandre, ni de Charles XII, dont il
» faut entretenir votre élève : ces Princes
» sont des météores qui ont dévasté la terre.
» Parlez-lui et de bonne heure, des Princes
» qui ont protégé le commerce, agrandi la
» sphère des arts ; enfin, des Rois tels qu'il
» les faut aux Peuples, et non tels que l'His-
» toire se plaît à les louer. »

Quoi de plus touchant que son exhortation à MADAME, le jour de sa première communion, si ce n'est de voir la Princesse, confondue pour cette cérémonie parmi les jeunes filles de la paroisse Saint-Germain!

« C'est du fond de mon cœur, ma fille, que
» je vous bénis, en demandant au Ciel qu'il
» vous fasse la grace de bien apprécier la
» grande action que vous allez faire. Votre
» cœur est innocent et pur aux yeux de Dieu,
» vos vœux doivent lui être agréables ; of-
» frez-les lui pour votre mère et moi. De-
» mandez - lui, qu'il me donne les graces
» nécessaires pour faire le bonheur de ceux
» sur lesquels il m'a donné l'empire, et que
» je dois considérer comme mes enfans. De
» mandez-lui, qu'il daigne conserver, dans
» ce Royaume, la pureté de la Religion ; et
» souvenez-vous bien, ma fille, que cette
» sainte Religion est la source du bonheur,

» et notre soutien dans les adversités de la
» vie. Ne croyez pas que vous en soyiez à
» l'abri : vous êtes bien jeune, mais vous
» avez déjà vu votre père affligé plus d'une
» fois. Vous ne savez pas, ma fille, à quoi
» la Providence vous destine ; si vous res-
» terez dans ce Royaume, ou si vous irez
» en habiter un autre. Dans quelque lieu
» que la Main Divine vous pose, souvenez-
» vous que vous devez édifier par vos exem-
» ples, faire le bien toutes les fois que vous
» en trouverez l'occasion. Mais surtout,
» mon enfant, soulagez les malheureux de
» tout votre pouvoir ; Dieu ne nous a fait
» naître dans le rang où nous sommes, que
» pour travailler à leur bonheur, et les con-
» soler dans leurs peines. Allez aux autels
» où vous êtes attendue, et conjurez le Dieu
» de miséricorde de ne vous laisser oublier
» jamais les avis d'un père tendre. »

Quoi de plus édifiant que les conseils qu'il donne à la Reine! « Je recommande
» mes enfans à ma femme, je n'ai jamais
» douté de sa tendresse maternelle pour eux.
» Je lui recommande surtout d'en faire de
» bons chrétiens et d'honnêtes gens, de ne
» leur faire regarder les grandeurs de ce
» monde, s'ils sont condamnés à les éprou-
» ver, que comme des biens dangereux et
» périssables ; et de tourner leurs regards
» vers la seule gloire solide de l'éternité. »

Que de Grandeur d'Ame et de Prudence dans l'exhortation du même testament au DAUPHIN et à MADAME! « Je recommande
» bien vivement à mes enfans, après ce
» qu'ils doivent à Dieu, ce qui doit mar-
» cher avant tout, de rester toujours unis,
» soumis et obéissans à leur mère, et recon-
» noissans de tous les soins et de toutes les
» peines qu'elle se donne pour eux. Je re-

» commande à mon fils, s'il avoit le malheur
» de devenir Roi, de songer qu'il se doit
» entièrement au bonheur de son Peuple ;
» qu'il doit oublier toute haine et tout res-
» sentiment, et nommément tout ce qui
» a rapport aux malheurs et aux chagrins
» que j'éprouve. Je recommande à mon fils
» d'avoir soin de toutes les personnes qui
» m'étoient attachées. Je sais que plusieurs
» ne se sont pas conduites comme elles le
» devoient, et m'ont même montré de l'in-
» gratitude ; mais je le leur pardonne : *sou-*
» *vent dans les momens de trouble et d'effer-*
» *vescence, on n'est pas le maître de soi;* et
» je prie mon fils, s'il en trouve l'occasion,
» de ne songer qu'à leurs malheurs. »

*Souvent dans les momens de trouble et
d'effervescence, on n'est pas le maître de soi !*
Pèse bien ces paroles, me dit l'ÉQUITÉ :

Quelle Grandeur d'Ame ! son cœur cherche partout des excuses pour ceux dont il a droit de se plaindre.

Il arrive par fois que ce qu'on appelle Grandeur d'Ame, noble oubli des mauvais procédés et des injures, n'est qu'un orgueil insupportable, qui nous place trop au-dessus du reste des hommes pour les croire dignes de notre attention. Chez Louis-Auguste, l'oubli des torts est vraiment l'imperturbabilité d'une conscience irréprochable, et non le dédaigneux mépris d'une supériorité altière qui ne veut reconnoître aucun juge de ses actions. Sans s'affecter cependant de ce qui n'est que méprisable, il rentre alors avec candeur dans le fond de sa belle ame. C'est ainsi que s'il fait lecture d'un discours outrageant de M. de Condorcet, il se contente de proférer ces mots : « On devroit

» bien au moins, quand on a été de l'Aca-
» démie Françoise, et qu'on dit des injures
» au Roi de France, le faire en termes fran-
» çois. » C'est ainsi qu'apprenant les propos d'une folle jeunesse sur la simplicité
de ses manières, il se contente de dire à
M. de Malesherbes : « Vous et moi, nous
» avons ici le ridicule de tenir aux mœurs
» du bon vieux temps; mais ce ridicule ne
» vaut-il pas mieux que les beaux airs d'au-
» jourd'hui? leur vernis cache souvent de
» vilaines choses. »

Néanmoins LOUIS-AUGUSTE attache un grand prix à l'opinion publique sur son mode d'administrer; parce que voulant le bonheur de ses Sujets, il desire être averti de ce qui les touche, et qu'il ne seroit pas content, dans sa tendre sollicitude, s'il n'avoit opéré qu'une partie du bien possible. Alors il a besoin de toute sa vertu pour se roidir

contre les injustes reproches qu'on ose se permettre : mais, *faire du bien, entendre dire du mal de soi patiemment, ce sont là des vertus de Roi*, avoit écrit ce Prince. Aussi s'entend-il apostropher d'injures sur la terrasse du château : « Que leur ai-je fait ! dit-il,
» en tournant ses regards vers le Ciel ; j'ai
» voulu les rendre heureux, ils s'y refusent ;
» mais ils ne lasseront pas ma constance. »
Rien ne peut, en effet, lasser le Monarque, et lors même de son départ pour Varennes, il adresse encore à son Peuple ces paroles d'amour : « François, méfiez-vous des sug-
» gestions et des mensonges de vos faux
» amis. Revenez à votre Roi, il sera tou-
» jours votre père, votre meilleur ami. Quel
» plaisir n'aura-t-il pas à oublier toutes ses
» injures personnelles ! »

Cette indulgence est vraiment admirable ! car, de tous les chagrins éprouvés par LOUIS,

l'ingratitude lui causa les plus sensibles :
« Que des hommes nés dans une condition
» obscure, nous dit une de ses lettres, que
» des Gentilshommes qui n'ont jamais été
» dans le cas de me connoître aient cru et suivi
» aveuglément les ennemis de mon autorité,
» je ne m'en étonne pas; mais que des gens,
» attachés au service de ma personne, et la
» plupart comblés de mes bienfaits, aient
» grossi le nombre de mes persécuteurs ;
» voilà ce que je ne saurois concevoir.
» Dieu m'est témoin cependant, que je ne
» conserve contre eux aucun sentiment de
» haine ; et que même, s'il étoit en mon
» pouvoir de leur faire du bien, je leur en
» ferois encore. »

L'ingratitude lui étoit tellement odieuse, qu'il s'efforça très-constamment d'en préserver le cœur du jeune DAUPHIN. Dès le matin, le ROI lui faisoit dire, après ses autres prières : « Donnez à Madame de Tourzel les forces dont elle a besoin pour supporter les maux qu'elle endure à cause de nous. » Tous ses soins étoient bien superflus envers cet infortuné Prince, qui avoit le spectacle édifiant de la reconnoissance de son père au moindre des services. En effet, ne fut-il pas témoin de la vive émotion du Roi, lorsqu'à la réforme de sa vénerie de Fontainebleau, il apprit que les habitans s'en étoient partagé les chiens, pour les lui rendre à une époque plus heureuse ? « Cela fait du bien, » s'écria Louis, tout ému. Oui, bon Prince, *cela fait du bien!* on aime à voir qu'il y avoit encore des cœurs françois, pénétrés d'amour et de respect pour les vertus de leur Roi. Le jeune Dauphin ne fut-il pas témoin, dans le Temple, de la sollicitude de

## DU BON ROI LOUIS XVI. 43

Louis pour un serviteur loyal et fidèle (1), qui lui donna le reste de son argent, sans aucune espérance d'en être remboursé jamais? Ne fut-il pas témoin de cet aimable embarras de Louis-Auguste, qui, faute de trouver des termes convenables pour exprimer toute sa gratitude à MM. Deseze et Tronchet, les presse tout-à-coup contre son cœur, en les bénissant de ses larmes?

Le moindre signe d'affection sincère pénétroit le cœur du Roi d'une reconnoissance éternelle. Dans ces temps douloureux où les prisons, devenues la demeure des ames les plus vertueuses, étoient les uniques temples qui pussent retentir des louanges du Seigneur, d'horribles cannibales viennent en arracher une Princesse, illustre par sa charité, la massacrent devant le cachot même,

---

(1) M. Hue.

et vont ensuite promener sa tête sanglante dans tout Paris, et jusque sous les murs du Temple. A cet aspect, un des commissaires provoque le Roi, et lui dit avec un rire féroce : « Venez vîte, venez voir un spectacle » curieux. » Heureusement le second commissaire avoit vu ce qui se passoit; aussitôt il se jette à la traverse: « Non, non, n'approchez pas, s'écrie-t-il; n'approchez pas, ne regardez point: quelle horreur! peut-on vous appeler pour vous faire voir un semblable objet? » LOUIS, jusqu'à la fin de sa vie, conserva le souvenir de ce bon procédé; et il dit un jour à M. de Malesherbes, qu'il gardoit l'adresse et le nom de ce brave homme pour un temps plus heureux.

Combien il étoit affecté de ne pouvoir récompenser en Roi, dans ces occasions! Que son cœur souffroit de ne pouvoir combler de ses largesses ceux qui lui montroient quelque affection ! Pourquoi donc cet air agité ? pourquoi ces grands pas ? on commence à la vérité son procès, dont il entrevoit la funeste issue : craindroit-il le moment qui va trancher enfin les malheurs de sa vie ? Gardons-nous bien de faire cet outrage à l'homme le plus courageux. Une seule pensée l'occupe en cet instant : son ame sensible cherche s'il lui reste quelque moyen de reconnoître la fidélité du serviteur qui voulut partager les angoisses de sa prison ; et le Roi de la France ne pouvant disposer, en ce jour de tristesse, que d'un léger morceau de pain dont il va soutenir sa déplorable vie, s'arrête tout-à-coup, le présente à ce généreux compagnon de sa mauvaise fortune, en lui disant d'une voix émue : « Cléry, rompez ce pain, prenez-en » la moitié, afin qu'il soit dit, qu'avant ma » mort, j'ai au moins partagé quelque chose

» avec vous ». Ah! ce n'est pas en vain que ce Prince avoit écrit : *Il faut recevoir les bienfaits de ses amis sans ingratitude et sans bassesse.*

Où trouver un second modèle de cette abnégation de soi-même, pour n'être maheureux que des peines et des besoins de ses semblables? BONTÉ DE LOUIS, venez découvrir les secrets de son cœur. Un homme public, qu'il honore de sa confiance, refuse un ministère vacant : c'étoit à l'époque des plus grands orages de la révolution ; il se décide toutefois à accepter sur les instances du ROI, se jette à ses genoux, et lui jure une entière soumission. Mais LOUIS craint d'avoir abusé de son influence, et voyant le dégoût du nouveau Ministre pour sa place, il lui permet de se retirer.

S'il craint tant de compromettre la vie ou

le repos des autres, son propre danger ne l'effraye jamais. Des séditieux le pressent-ils de le suivre à Paris : il ne voit que le péril de ceux qui l'entourent, et sa volonté devient invariable ; il s'écrie : « Non, non, » j'irai à Paris, il ne faut pas que plusieurs » s'exposent pour le salut d'un seul ; je me » livre, je me confie à mon Peuple, il fera » de moi ce qu'il jugera à propos. »

Mais que de ménagemens, que d'attentions pour les gens de sa Maison ! Tous ceux de son service au Temple lui sont enlevés par le même ordre, à l'exception de M. Hue, auquel, disent les commissaires, on donnera des aides : « Je n'en veux pas, » répond le ROI, ce qu'il ne pourra pas » faire, nous y suppléerons : à Dieu ne » plaise, que nous donnions volontaire- » ment aux personnes qu'on nous enlève,

» le chagrin de se voir remplacées par » d'autres. »

Ecoutons les serviteurs du Roi nous raconter eux-mêmes ces délicatesses de bienveillance, qui d'égal à égal pourroient surprendre encore. Louis entend les injures dites contre lui-même à M. Hue : « Vous avez » eu beaucoup à souffrir aujourd'hui, lui » dit le Prince ; eh bien ! pour l'amour de » moi, continuez de supporter tout, ne » répliquez rien. » Un homme d'une physionomie sinistre passe la nuit entière à côté du Roi dans sa prison. « Cet homme » vous a causé une vive alarme, dit Louis » à M. Hue ; j'ai souffert de votre inquié- » tude, et je ne me croyois pas effective- » ment sans danger. » Est-il un peu moins surveillé que de coutume, il pénètre dans le cabinet de M. Cléry, qu'une indisposition retenoit couché dès la veille ; et lui servant

## DU BON ROI LOUIS XVI. 49

un verre de tisane, il ajoute d'un ton paternel, que c'est avec un grand regret qu'il ne se voit pas libre de lui donner tous ses soins.

Ces traits de Bonté paroîtront bien peu de chose, si l'on suit le Prince à l'Assemblée conventionnelle qui va prononcer sur son sort. A son départ du Temple, il ne pense qu'aux dangers de ses défenseurs ; et craignant pour eux quelque insulte ou quelque violence, il s'informe avec anxiété de quelle manière ils doivent se rendre à la barre. Là même, ce n'est pas sa personne qui l'occupe : son avocat, emporté par le vif intérêt d'une cause si touchante et si sacrée, ne peut retenir son ardeur ; sa figure se couvre d'une transpiration abondante ; tous ses vêtemens en paroissent pénétrés. « Voyez » comme il souffre, dit LOUIS, ne pour- » roit-on pas lui procurer du linge ? » Et dans le moment fatal où l'on prononce l'assassinat du Roi de France, ce Roi Pasteur, ce Roi de mœurs patriarcales paroît seulement affecté du soin pieux et charitable de faire sécher une chemise au feu, pour cet intrépide ami qui vient de le défendre.

Les soins de Louis-Auguste pour un autre de ses défenseurs ne sont pas moins touchans : « Mon ami, dit-il à M. de » Malesherbes, pourquoi vous exténuer » de la sorte ; ces fatigues, fussent-elles » utiles à ma cause, je vous les interdirois, » mais vous ne m'obéiriez pas ; du moins » abstenez-vous en, quand je vous assure » qu'elles seront infructueuses. Le sacrifice » de ma vie est fait, conservez la vôtre » pour une famille qui vous chérit. » Une autre fois M. de Malesherbes veut en vain lui inspirer quelques espérances. Louis les rejette ; mais ce qui l'afflige seulement, c'est qu'il prévoit les malheurs affreux qui vont

dévaster son Royaume. « Non, non, dit-il,
» il n'y a plus d'espoir, et je suis prêt à
» m'immoler pour le Peuple. Puisse mon
» sang, dont on est altéré, le sauver des
» horreurs que je redoute pour lui. Au nom
» de Dieu, mon cher Malesherbes, ne
» pleurez pas, nous nous reverrons dans
» un monde plus heureux. »

Toujours occupé des autres, LOUIS n'est sensible à sa terrible position que par la peine de ceux qu'il affectionne. Il voudroit adoucir le dernier coup à M. de Malesherbes qu'il voit anéanti de tristesse, et il lui dit avec une douce gaîté : « M. de Malesherbes,
» on m'a conté, dans mon enfance, que
» lorsqu'il devoit mourir un Roi de la mai-
» son de Bourbon, on voyoit à minuit une
» grande femme, vêtue de blanc, se prome-
» ner dans la galerie de Versailles. Comme
» vous venez souvent, n'auriez-vous point

» par hasard rencontré cette ombre sur votre
» route? » M. de Malesherbes ne peut plus
contenir sa profonde douleur à un badinage
sur ce triste sujet; il fond en larmes, et découvre alors les angoisses de son affliction
qu'il cherchoit à cacher à Louis. « Ah! dit
» le Roi, je voulois simplement vous faire
» une plaisanterie, pour vous prouver que
» je suis tranquille ; mais combien je me
» repens de vous l'avoir faite, maintenant
» que je vous vois si cruellement affligé! »

Qui pourra lire aussi sans vénération ces
paroles du testament du Roi, quand il
veut assurer de sa gratitude ceux dont il a
reçu des preuves de zèle? « J'ai eu de la
» consolation à voir l'attachement et l'in-
» térêt gratuit que beaucoup de personnes
» m'ont montrés : je les prie d'en recevoir
» ici mes remerciemens : dans la situation
» où sont encore les choses, je craindrois

» de les compromettre si je parlois plus ex-
» plicitement ; mais je recommande plus
» spécialement à mon fils de chercher les
» occasions de pouvoir les reconnoître. »
Quelle Prudence dans sa Bonté ! Mais
quelle Bonté dans sa Prudence, pour pré-
munir d'un sort funeste ceux qui se trouvent
compromis par leur fidèle service auprès
de sa personne ; pour les protéger contre
cette horde de bourreaux qui toutefois am-
bitionnent encore les dehors de quelque
sentiment humain ! « *Je croirois cependant*
» *calomnier les sentimens de la Nation*, si
» je ne recommandois ouvertement à mon
» fils MM. de Chamilly et Hue, que leur
» véritable attachement avoit portés à s'en-
» fermer avec moi dans ce triste séjour, et
» qui ont pensé en être les malheureuses
» victimes. » — « *Je croirois faire injure à*
» *la Nation*, écrit-il encore à la Commune,

» la veille de son martyre, si je lui deman-
» dois la sureté du fidèle serviteur qui ne
» m'a point quitté. » Il ne faut pas s'y
méprendre ; c'est seulement à ces paroles,
d'une mesure parfaite, que M. Cléry et les
deux autres serviteurs du Roi durent leur
salut. Les bourreaux d'alors n'osèrent point
braver la puissance de ces mots, qui pas-
soient de bouche en bouche : *je croirois faire
injure à la Nation;* et la barbarie s'adoucit
une fois par politique, pour faire prôner
quelques momens cette générosité de commande, et se livrer ensuite avec plus de fureur à tous ses projets sanguinaires.

 Jamais LOUIS ne se souvient que sa Tête
est sacrée, et que tous doivent s'estimer
heureux de mourir pour sa personne. Il ne
voit, dans ceux qui le servent, que des amis
qu'il compromet ; et, jusque sur l'échafaud
même, toute la tristesse de son cœur est

## DU BON ROI LOUIS XVI.

pour le sort du vertueux Prêtre qui l'assiste à son dernier moment.

Ah! je ne m'étonne plus, que Dieu ait ouvert la voie étroite de la sanctification à une ame si digne de la parcourir en entier; à un Roi qui soupire après la vertu avec tant de constance, et qui, comme il le dit lui-même, *ne fit jamais sciemment aucune offense à personne.*

Mais vous, DIVINE PIÉTÉ, vous sans laquelle rien n'est parfait ni méritoire, dites-nous comment LOUIS mérita la gloire que lui réservoit son martyre. NOBLE ÉQUITÉ, répond alors la Sainte, en levant les yeux vers le Ciel, c'est un devoir précieux pour moi de satisfaire à des desirs si justes. Cette famille m'a toujours été bien chère, et depuis le premier Saint-Louis, quel nombre de ses descendans se groupent à ses côtés;

quel nombre plus grand encore doit s'y joindre par la suite! En cet instant même.... mais je m'arrête, je n'aime point à louer les vivans; il me tarde d'ailleurs de vous faire connoître les justes motifs de mon affection pour le Roi.

Pourrois-je cependant, magnanime Elisabeth, amie courageuse, compagne fidèle de Louis-Auguste, ne pas rendre hommage à la noblesse de votre ame?

Toutefois je ne louerai point un caractère tel que le vôtre, ni de cette promptitude à présenter le cœur à l'assassin qui vouloit trancher les jours du Roi, ni de la mesure de vos paroles qui arrêtent ce furieux: *Prenez-garde, Monsieur, vous pourriez blesser quelqu'un avec votre arme, et sans doute vous en seriez fâché!* Je ne vanterai point ce dévouement héroïque qui vous rend heureuse de passer pour la Reine, au moment où des brigands conjuroient son trépas ; et qui à cette exclamation de MARIE-ANTOINETTE : *Où allez-vous, ma sœur ? ils n'ont qu'à vous prendre pour moi !* vous fait précipiter votre marche, et vous inspire ce cri généreux : *Je le voudrois !* Je n'exalterai pas votre inébranlable résolution à vous ensevelir au Temple avec votre frère, pour soulager ses douleurs, et partager le sort funeste que vous entrevoyez pour le Prince et pour vous-même ; mais je découvrirai le sublime de votre réponse à ceux qui vous détournoient de cette noble action : *Eh ! mon Dieu ! à qui appartient-il mieux qu'à moi de consoler mon frère dans son infortune ? moi, abandonner mon frère malheureux ! je ne conçois pas qu'on puisse me le proposer.*

Ils ne savoient pas, ceux qui vous donnèrent ce conseil, qu'à une autre époque où les choses n'étoient point désespérées, et où vous ne pouviez augurer encore quel prix attendoient les vertus du Roi ; à cette époque, où dans vos visites au couvent de votre tante Louise, je fus témoin de vos saints desirs de consacrer tous vos momens à la vie austère de la Pénitence ; à cette époque, où le feu de la Dévotion consumoit votre ame, vous renonçâtes cependant à un projet si pieux, d'après ces paroles du Roi: *J'ai besoin de vous, Elisabeth.* Ils ne savoient pas que sur le simple desir de votre frère, moi, maîtresse de votre cœur religieux, je parus sacrifiée sans retour. Ah! loin de moi cette pensée injuste ; je vis, au contraire, que vous étiez tout à moi. Voilà ce que je ne puis oublier, et ce que je glorifierai devant les Anges. Eh! que me sont les apparences et les formes, quand la volonté et le cœur me sont dévoués? Dès-lors, je vous inscrivis au nombre de mes pénitentes ; je comptai comme sacrifices volontaires, les humiliations, les douleurs et la mort, auxquelles vous exposa votre généreuse résolution, et je sanctifiai ensuite cette réponse au Roi, qui vous pressoit de quitter la France avec vos tantes : *N'insistez pas, car sur cet article seulement, je suis bien déterminée à vous désobéir. Le Ciel m'appelle à rester auprès de vous; ne me faites pas manquer ma vocation.* Comme vous la remplîtes dignement cette vocation auguste! que de douceurs vous sûtes faire goûter à Louis au milieu des orages de sa vie politique! Ah! tant que l'Amitié sera une vertu, votre nom sera glorieux. Mais ce qu'il m'appartenoit de révéler au monde, c'est que la ferveur de votre dévotion ne vous détourna jamais des devoirs d'une intrépide et fidèle Amie, et que l'héroïsme de votre amitié vous eût seul mérité d'être Sainte.

Je reviens, NOBLE EQUITÉ, au Monarque illustre qui nous rassemble en ce moment. Je vais faire briller à vos yeux les Vertus Chrétiennes qui lui méritèrent la palme du martyre ; et je parlerai successivement de son Zèle Apostolique, de sa Soumission aux Lois de l'Eglise, de sa Résignation, de son Humilité parfaite.

Le ROI fournit aux dépenses d'une Mission pour l'île de Cayenne ; il protégea très-efficacement le séminaire des Missions étrangères ; il soutint, de sa cassette, d'anciens Jésuites, qui se sont maintenus dans la Mission de Pékin ; enfin il perpétua cette Mission avec leurs autres Etablissemens en Chine et en Turquie, que l'extinction de ces Religieux laissoit tomber ; et il les conserva en y appelant les Missionnaires de la Congrégation de Saint-Lazare.

Eh ! que de soins pour conserver l'Orthodoxie dans son Royaume ! que d'humiliations il affronte, avant la signature extorquée par la violence ! Qui ne sait les périls qu'il courut, en ne montrant son estime et sa confiance qu'aux Prêtres non sermentés ?

Louis étoit vraiment animé du feu de l'Amour divin : on expose à sa vue un *Moniteur* plein d'injures contre sa personne et de blasphêmes contre Dieu : « Cette feuille » me fait bien du mal, dit-il à M. de Ma-» lesherbes, non par rapport aux opinions » émises contre moi, mais à celles contre » l'existence de Dieu : je ne pense pas qu'il » soit fait mention, dans l'Histoire, d'aucune » Assemblée, réputée nationale, où l'on ait » applaudi publiquement à la profession de » l'athéïsme; et d'après la scène de vendredi

» dernier, si quelque chose pouvoit encore
» étonner de la part de la Convention, ce
» seroit qu'il en sortît quelque bien. »

Jamais le Zèle de LOUIS ne laissoit échapper l'occasion de faire valoir les avantages de la Religion Catholique. Avant sa détention, il éclaire le Ministre en ces termes : « Sans Religion, mon cher Malesherbes,
» point de vrai bonheur pour les sociétés,
» ni pour ceux qui les composent. La Reli-
» gion est le lien le plus ferme des hommes
» entre eux. Elle empêche l'abus de la puis-
» sance et de la force, protége le foible,
» console le malheureux ; garantit, dans
» l'ordre social, l'observation des devoirs
» réciproques. Croyez-moi, il est impos-
» sible de gouverner le Peuple par les prin-
» cipes de la Philosophie. » Mais veut-il réparer les suites de la trop fatale signature, et faire rentrer dans le sein de l'Eglise

un ami égaré : il cherche à toucher son cœur par le spectacle des consolations qu'il reçoit de sa croyance. « Ma sœur m'a donné, dit-
» il au même, la demeure d'un Prêtre in-
» sermenté qui pourroit m'assister dans mes
» derniers momens. Allez le voir de ma
» part; disposez-le à m'accorder ses secours.
» C'est une étrange commission pour un
» Philosophe ; mais si vous étiez à ma place,
» combien je vous souhaiterois de penser
» comme moi ! Je vous le répète, mon ami,
» la Religion console tout autrement que la
» Philosophie. » N'est-ce pas là, jusqu'au dernier moment, remplir tous les devoirs d'un ami fidèle, sans abuser de l'amitié? Aussi la dévotion aimable de LOUIS fut le salut de M. de Malesherbes, puisqu'enfin elle l'emporta dans son cœur sur un en-têtement philosophique de plus de soixante ans.

Toute la vie de Louis avoit été d'une grande édification par son humble OBÉISSANCE A L'EGLISE. Les voyages ou la chasse ne lui faisoient point interrompre la loi du jeûne. Un jour, qu'après le dîner, il se disposoit pour la chasse, on vient prendre ses ordres pour le repas du soir : « Comment, dit le Roi, est-ce que nous » sommes hors du Carême ? » On lui fait des observations sur les fatigues de la chasse : « La réflexion est juste, reprend-il, mais » ma chasse n'est point de précepte ; » et sur-le-champ il donne contre-ordre.

Depuis la fin du dernier règne on servoit maigre et gras tous les jours d'abstinence, quand il y avoit eu chasse. Louis fit réformer cet abus; il montra même à cet égard que sa Soumission aux Lois de l'Eglise étoit aussi parfaite qu'éclairée. Un vieil officier, soutenant que ce qui entre dans le corps ne souille pas l'ame, se croyoit, d'après ce principe, dispensé de la règle commune : « Non, Monsieur, reprend Louis avec » véhémence, ce n'est point précisément de » manger de la viande qui souille l'ame et » fait l'offense ; c'est la révolte contre une » Autorité légitime, et l'infraction de son » précepte formel : tout se réduit donc ici à » savoir si Jésus-Christ a donné à l'Eglise » le pouvoir de commander à ses Enfans, » et à ceux-ci l'ordre de lui obéir : le Ca- » téchisme l'assure ; mais, puisque vous » lisez l'Evangile, vous eussiez dû voir que » Jésus-Christ dit quelque part : *que celui* » *qui n'écoute pas l'Eglise doit être regardé* » *comme un païen*, et je m'en tiens là. »

Qui doutera que celui dont la vie fut si exemplaire, ne puisse paroître avec confiance devant le Souverain des Êtres ? Personne, Louis seul excepté ; Louis dont l'ame religieuse n'est pas satisfaite, s'il ne s'occupe trois jours entiers à repasser toutes ses actions, et à examiner scrupuleusement s'il fit tout le bien qu'il pouvoit faire. C'est pendant ce temps, qu'on peut voir l'élévation qu'aux approches de la mort donne une foi solide. Avec quel calme il envisage cette cruelle catastrophe! avec quelle présence d'esprit il se dispose à paroître devant le Roi des Rois! Desirant se préparer à cette vue terrible par la participation aux Saints Mystères, il prie Cléry de servir la Messe, et l'instruit de ce qu'il doit répondre. « Quant » aux cérémonies, ajoute le ROI, je vous » les indiquerai de l'œil. » Et tout cela trouble si peu sa ferveur et son recueillement, que le Prêtre, après le sacrifice, est lui-même frappé du changement qui s'étoit fait en LOUIS-AUGUSTE. « Un ravissement céleste, dit-il, se montroit dans toute sa

Personne ; son visage brilloit d'un éclat si pur, qu'on étoit saisi d'un saint respect, et qu'on se fût prosterné à ses pieds pour invoquer le secours de ses prières. »

Mais peut-être ce vénérable Ministre a-t-il été troublé par l'intérêt qu'il portoit à une telle victime ; peut-être ses yeux furent-ils éblouis par les pleurs que lui arrachoit un événement si lamentable ? Je le veux ainsi ; empruntons alors le témoignage d'un de ces révolutionnaires qu'on n'accusera point de partialité, de cet Hébert, substitut du procureur de la Commune à cette désastreuse époque. « Je voulus faire partie de ceux qui devoient être présens à la lecture de l'arrêt de mort de Louis. Il l'écouta avec un sang froid rare. Lorsqu'elle fut achevée, il demanda sa famille, un confesseur, enfin tout ce qui pouvoit lui être de quelque soulagement à son heure dernière. Il mit tant d'onction, de dignité, de noblesse, de grandeur dans son maintien et dans ses paroles, que je ne pus y tenir; des pleurs de rage vinrent mouiller mes paupières : *il y avoit dans son regard et dans ses manières quelque chose de visiblement surnaturel à l'homme.* Je me retirai en voulant retenir mes larmes qui couloient malgré moi, et bien résolu de finir là mon ministère. » *Quelque chose de visiblement surnaturel à l'homme !* Celui qui verse des pleurs de rage sur sa victime, se voit obligé d'en faire un si pompeux éloge ! mais il n'est pas le seul qui donne à LOUIS ce tribut de louanges. On questionnoit un de ceux qui ne quittèrent pas la famille royale dans tous ses revers, sur la personne pour laquelle il avoit éprouvé le plus d'intérêt : « Le jeune Prince, répondit-il, la nature a formé son ame, son esprit, son caractère, ses traits, de tout ce qu'il y a de plus aimable, de plus intéressant. » — Vous m'étonnez! et le Roi? — « Ah! le Roi, reprit-il, les yeux mouillés de larmes et levés vers le Ciel, oh le Roi! il n'étoit pas fait comme nous; il étoit si fort élevé au-dessus de nous tous!... »

La PATIENCE et la RÉSIGNATION DE LOUIS sont déjà si admirables dans tout ce qui précède, que, voulant éviter des souvenirs pénibles, je ne m'appesantirai pas sur les souffrances de sa passion. Qui ne sait au surplus, qu'on se fit un plaisir barbare de lui faire supporter outrages sur outrages, de lui renouveler humiliations sur humiliations? Dois-je rappeler, qu'il a été, pour ainsi dire, réduit au plus strict nécessaire pour la nourriture? ce ne sont point là de ces tribulations dont la Patience de LOUIS puisse être troublée: ne se contentet-il pas de répondre, la première fois qu'on lui annonce la diminution de sa table : que rigoureusement le pain et l'eau suffisent à la subsistance de l'homme, et qu'il sauroit s'y résigner ? Il le prouva bientôt après, lorsqu'on lui servit du gras le vendredi suivant : sans faire aucune plainte, il prend un verre de vin, y trempe un morceau de pain ; et souriant, il prononce ces mots : « Voilà » mon dîner. »

Louis ne fut pas toujours si impassible ; il eut certains découragemens : qu'ils sont aimables ! comme ils montrent que sa Patience n'étoit pas de l'insensibilité, mais une Résignation parfaite à la volonté divine ! Il ne reçoit pas de nouvelles de La Peyrouse, tout lui annonce qu'il aura été sacrifié par les Sauvages ; il le pleure, c'est lui qui le fit partir ! Voilà le premier retour que le Roi

## DU BON ROI LOUIS XVI.

se permet sur l'infortune constante de sa destinée : « Je vois bien que je ne suis pas » heureux ! » s'écrie-t-il avec amertume.

Ce qui lui fut encore bien douloureux, c'est quand on le sépara de sa famille : « Ah ! » mon fils, je n'irai donc plus chez vous, et » vous ne viendrez plus chez moi ! » Ce coup fut pénible à supporter pour l'ame sensible de LOUIS ; il en parle à plusieurs reprises : « Que peut-on craindre d'un enfant ? » *Il n'y a donc pas de père à cette Chambre des Députés*, auroit-il pu dire encore avec toute raison, ainsi qu'il s'étoit écrié à la mort du premier Dauphin, lorsque le lendemain d'une perte si douloureuse à son cœur, une députation voulut insister pour obtenir audience.

Mais suivons le ROI jusqu'à l'échafaud, où il doit recevoir la palme du martyre. Avec quelle docilité il laisse lier ses royales mains ! Jusqu'à la dernière heure, il veut faire connoître, que chez lui la Majesté s'unit parfaitement à l'Humilité chrétienne. « Oh ! » je suis sûr de moi, » dit-il d'abord d'une voix ferme, et repoussant avec promptitude le lien fatal : mais à peine a-t-il entendu le vénérable Prêtre qui l'accompagne, lui rappeler l'abaissement d'un Dieu pour le salut du monde, par cette simple réflexion : « Il ne manquoit plus à vos souffrances que cette conformité avec celles de Jésus-Christ ; » qu'aussitôt il abandonne son corps mortel à l'exécuteur, et dépouille ainsi ce peu qui lui reste de Roi, pour laisser voir le Saint dans toute sa gloire. Les derniers accens de sa voix, à ce triste moment, sont encore un élan d'amour pour le Peuple ingrat qui méconnoît sa grande ame : « Je souhaite que

» mon sang puisse cimenter le bonheur des
» François. »

Sans doute, je ne dois pas devancer les décisions de l'Eglise : mais une vie si pleine de vertus ; une bonté si constante, si étendue ; une résignation si entière, si héroïque ; une patience si angélique à supporter des humiliations et des douleurs, que l'élévation de son rang a dû lui rendre plus poignantes; cet innocent badinage d'apparition mystérieuse, dans un homme d'un cœur aussi pur et d'un jugement aussi sain ; ce ravissement ineffable qui se manifestoit sur toute son auguste Personne, selon le rapport de ceux qui l'approchèrent les derniers jours, sont de justes motifs d'espérer son éternelle béatitude. Ce qu'il y a d'incontestable au moins, c'est que toute la France chrétienne, profondément émue et de l'infortune et de la haute vertu de LOUIS, a consacré par son assentiment les paroles prophétiques du vertueux Ministre qui l'assista jusqu'à l'échafaud : *Allez, fils de Saint Louis, montez au Ciel !*

# ESPRIT DU BON ROI.

Tu viens de voir, me dit alors la Vérité, qui s'avançoit à la tête du second Groupe, le fidèle tableau des Vertus privées d'un saint Martyr; je vais maintenant te faire le récit des Qualités publiques de cet illustre Monarque. Ecris, je te parlerai au nom de toutes mes Sœurs. Cependant je ne crois pas devoir taire un fait qui ne m'est pas étranger, puisqu'il fait parfaitement connoître combien Louis avoit le mensonge en horreur. Un officier, en retard sur son service auprès du Roi, s'excuse sur sa montre, qu'à dessein il a retardée du temps que demandoit sa justification. Louis prend la montre, la jette au feu, et dit à l'officier, d'un air sévère : « Voilà le cas que je fais des men-

» teurs ; » et il ajoute , lui en donnant une autre : « Je vous conseille de vous en tenir » à celle-ci , elle est très-véridique. »

Si l'Equité fut l'heureux germe qui développa tant et de si nobles vertus dans le cœur de Louis, l'Activité, l'Etude furent les premières habitudes qui portèrent son esprit à un si haut degré de maturité et de perfection.

Dès sa jeunesse, il redoutoit l'oisiveté, et donnoit au développement de ses forces le temps qu'il ne consacroit point à la culture de son esprit. C'est par là qu'il acquit des connoissances très-exactes dans presque tous les arts mécaniques, auxquels il ne dédaigna point de s'adonner. Sa force naturelle exigeant d'ailleurs un exercice violent et soutenu , il se décida aussi à travailler le fer par lui-même, et il fit des ouvrages de serrurerie qui montroient tout à-la-fois son goût et son adresse ; mais il abandonna bientôt cette récréation innocente, sachant qu'elle donnoit lieu à des doutes défavorables sur l'Activité de son esprit.

Ce n'est pas toutefois que LOUIS négligeât les études qui convenoient à son rang ; l'on peut dire même qu'il fut le plus instruit des Rois de France dans l'Histoire, dans les Mathématiques, dans les Belles-Lettres, et incontestablement dans la Science Géographique, cette branche de la Diplomatie, dont la connoissance est si essentielle à un Roi. Dirai-je que la Langue latine lui étoit familière ; qu'il pouvoit converser en Anglois comme dans sa langue maternelle ; et que desirant ne rien ignorer de ce qu'un Prince doit savoir, il voulut que tous les jours, à une heure convenue, M. le Marquis de Pezai, militaire très-instruit, vînt, par

un escalier secret, lui apprendre la théorie de l'art de la guerre ? Ecoutons plutôt le Roi révéler lui-même à M. de Malesherbes l'étendue de ses connoissances: « J'ai senti,
» au sortir de mon éducation, que j'étois en-
» core loin de l'avoir complétée ; je for-
» mai le plan d'acquérir l'instruction qui me
» manquoit : je voulus savoir les Langues
» angloise, italienne, espagnole ; je les ap-
» pris seul, et je me rendis assez fort dans la
» Littérature latine pour traduire aisément
» les auteurs les plus difficiles. Ensuite,
» m'enfonçant dans l'Histoire, je remontai
» jusqu'aux premiers âges du monde ; puis
» descendant de siècle en siècle jusqu'à nos
» jours, je m'arrêtai plus spécialement à
» l'Histoire de France; je m'imposai la tâche
» d'éclaircir la Législation et les Coutumes
» du Royaume, je comparai la marche des
» différens règnes, j'analysai les causes de

» leur prospérité et de leurs revers. A ce
» travail habituel, je joignis la lecture de
» tous les bons ouvrages qui paroissoient ;
» et ceux qui traitoient des matières d'ad-
» ministration ou de politique, m'atta-
» choient spécialement. »

Faut-il donc s'étonner que l'INSTRUC-
TION DU ROI ait toujours été supérieure
à celle de ses Ministres, dans quelque partie
que ce fût ? que La Peyrouse ait cru entendre Danville et Cook, lorsque le ROI parla
de son voyage ? que le rapporteur du comité
de subsistances de la commune de Paris,
convenant de sa propre impéritie à connoître
les causes de la disette et les moyens d'y remédier, ait été obligé d'avouer que le ROI
lui expliqua ces causes dans tous leurs dé-
tails, lui développa ces moyens dans toutes
leurs ressources ?

Ce n'étoit que peu à peu, que LOUIS montroit la variété de ses connoissances; et l'on resta long-temps prévenu contre son instruction, parce qu'il aima mieux paroître ignorer beaucoup de choses, que d'émettre, en administration, une pensée qui ne fût pas évidemment bonne, et dont il ne connût pas toutes les conséquences. Mais l'ETENDUE ET LA FORCE DU JUGEMENT DE LOUIS-AUGUSTE ne purent échapper à son Conseil. « Nous avions tous les jours, dit l'un de ses Ministres, l'occasion de reconnoître en lui les indices les moins équivoques d'un esprit actif et intelligent. En voici un exemple : un jour que le ROI lisoit des lettres et des mémoires, tandis que les Ministres discutoient les objets de leur département, M. de Gerville fit un rapport sur une affaire délicate, dont la décision fut remise à huitaine. Mais ce Ministre ayant omis, dans son second rapport, une circonstance essentielle qu'il avoit insérée dans le précédent, le Roi lui en fit l'observation, à la grande surprise de tous les membres du Conseil : les réflexions judicieuses du Roi sur ces lettres et ces mémoires avoient fait supposer à tous les Conseillers qu'il y étoit exclusivement attentif. On l'entendoit dire quelquefois dans son Conseil des Dépêches : « Il y a un an, il y a deux ans, nous avons » jugé différemment la même espèce d'af- » faire, et nous avons eu tort. » Rien ne lui échappoit : « Voici un article, dit-il un jour » au garde du trésor royal, qui a déjà été » porté dans un état précédent. »

L'Assemblée dénonce au Roi l'un de ses Ministres, et lui demande son renvoi. Celui-ci vient soumettre sa justification à la signature de Louis, pour l'adresser ensuite à l'Assemblée. Le Roi voulant aussi, par honneur, défendre son choix, avoit préparé une réponse que le Ministre juge dix fois plus courte et beaucoup plus concluante que la sienne ; il l'avoue franchement, et il ajoute : « C'est la vôtre, SIRE, qu'il faut » envoyer, et sans y changer un seul mot. » Cette réponse étoit effectivement d'une logique si admirable, que l'Assemblée ne put y trouver un seul mot à contredire ou attaquer ; qu'elle se tut ; et que le public parla long-temps avec une espèce d'affectation et d'enthousiasme de la belle justification du Ministre de la Marine, qui avoit trouvé moyen de réduire les Députés au silence.

Si l'Étendue et la Force du Jugement de LOUIS se font remarquer dans son Conseil, SA PRÉSENCE D'ESPRIT n'est pas moins admirable dans les périls nombreux où il se trouve ; et seule elle a sauvé plusieurs fois lui et les siens des situations les plus critiques.

Des factieux ont envahi le château de Versailles ; ils poursuivent les Gardes-du-Corps qu'ils ont chassés du palais. LOUIS se montre à cette multitude frénétique, et leur dit d'un ton de voix très-élevé : « Messieurs, la vie de mes Gardes est en » votre pouvoir, soyez-moi garans qu'il » ne leur sera fait aucun mal, et moi je me » fais garant auprès de vous de leur patrio- » tisme qu'on a calomnié. » Aussitôt tout rentre dans l'ordre, et les cris de *vive le Roi ! vivent les Bourbons !* se font entendre de toutes parts. A quelque temps de là, des assassins stipendiés qui cherchent un prétexte pour lui plonger un poignard dans le sein, viennent-ils crier à ses oreilles, *vive la Nation !* « Et moi aussi, je dis *vive la* » *Nation !* son bonheur a toujours été le » premier de mes vœux. » Cette simple

exclamation, qui partoit vraiment du cœur de LOUIS-AUGUSTE, fait encore échouer ce complot. Veut-on enfin, à la barre de la Convention, présenter des pièces dont on ose arguer contre lui, en disant qu'elles sont de l'écriture de ses frères? Le ROI prend les papiers, et après y avoir jeté un coup d'œil : « Cela ressemble, dit-il, à l'écri-
» ture de mes frères; mais on peut la con-
» trefaire. » Dans tout le cours de son procès, sa Présence d'Esprit confond ses accusateurs les plus effrontés. « Avant la
» constitution, dit-il, nulle loi ne me dé-
» fendoit de faire ce que j'ai fait; sous le
» règne de l'acte constitutionnel, quel est
» l'article de cet acte auquel j'ai contre-
» venu? depuis l'anéantissement de la cons-
» titution, quelle influence ai-je pu avoir,
» du fond de ma prison, sur l'administration
» du Royaume? »

Que pourrois-je mieux comparer à la Présence d'Esprit du ROI, que SA PROFONDE SAGESSE ? « Plus fort et plus affermi dans ses desseins que tout son Conseil, il n'a jamais été influencé par ses Ministres ; » c'est son acte d'accusation qui lui rend ce témoignage. Il ne se laissa pas non plus dominer par la Reine, malgré tout son amour pour elle, et quoiqu'il connût la solidité du jugement de la Princesse. Il la consulta par fois sans doute, mais il ne se déterminoit que par sa propre conviction ; et MARIE-ANTOINETTE renonça même, dans la suite, à lui donner des avis. « Je n'ose vous conseiller, lui dit-elle un jour, agissez d'après votre propre cœur, il ne vous égarera jamais. » Tant elle avoit reconnu l'admirable Sagesse du ROI ! On sait d'ailleurs que LOUIS-AUGUSTE, craignant que la Reine ne fût circonvenue par la Cour d'Autriche, lui cachoit avec grand soin toutes les relations diplomatiques; et que si M. de Vergennes, son Ministre des Affaires Étrangères, y acquit une juste réputation, il la dut en partie aux conseils et à l'instruction de son Maître.

Que manqua-t-il donc sous le gouvernement de LOUIS, pour le bonheur des François? Ecoutons M. de Malesherbes nous en faire la révélation : après avoir dit qu'il ne connut jamais personne dont l'entendement fût plus sain ; qu'il le vit constamment dans le Conseil saisir l'opinion la plus sage, il ne craint pas d'avouer avec ingénuité: « que le règne de LOUIS eût été le plus heureux de la Monarchie, s'il avoit pu trouver de bons Ministres. »

Ouvrons en effet les procès-verbaux du Conseil, et nous reconnoîtrons la vérité de ce singulier aveu.

## DU BON ROI LOUIS XVI.

Est-il question de faire le siége de Gibraltar? « Mon avis, dit LOUIS-AUGUSTE, » seroit plutôt de porter nos forces navales » sur les possessions des Anglois qui sont » ouvertes ; *d'aller prendre Gibraltar aux* » *Antilles et dans les Indes.* » Que n'aviez-vous des flatteurs à gages, Prince trop modeste! l'on eût cité dans tous les coins de l'Univers cette remarquable pensée, qu'un Souverain illégitime a reproduite sous des expressions peu différentes, et sur laquelle on se complut à encenser son orgueil, d'une admiration empruntée!

On propose deux ordonnances en faveur des Bordelois ; l'une pour l'amélioration du sol, l'autre pour l'établissement d'une manufacture. « Commençons, dit le ROI, par » encourager les manufactures de blé, et ne » nous pressons pas de rassembler des arti- » sans sur le terrain qui réclame des culti-

» vateurs. Les arts ne manqueront jamais
» au pays qui pourra les nourrir. » Louis
fut invariable dans cette opinion. Un Seigneur vantoit les avantages de l'industrie commerciale devant l'ambassadeur d'Angleterre. « Bon pour messieurs les Anglois,
» dit le Roi, les Etats qui manquent de ter-
» ritoire, doivent faire leur capital de ce qui
» n'est que notre accessoire ; peut-être ne
» nourrissons-nous déjà que trop de ces
» artisans inutiles, propres à faire abonder
» un vain luxe dans nos villes, et la misère
» dans nos campagnes que plus de bras fer-
» tiliseroient bien mieux. »

La Sagesse du Roi ne brille pas moins dans sa réponse aux Magistrats de la Capitale, qui, à l'occasion des fêtes de la paix en 1783, viennent lui demander ses ordres. « Croyez-vous, Messieurs, qu'au lieu de ces
» fêtes dispendieuses qui, presque toujours

» laissent des regrets, il ne vaudroit pas
» mieux consacrer cette époque par quelque
» monument utile ? Un pont, par exemple,
» vous devient de plus en plus nécessaire
» pour joindre le nouveau quartier de la
» Chaussée d'Antin avec celui des Inva-
» lides ; vous l'appelleriez le pont de la
» Paix. »

Si l'on peut reprocher à LOUIS, pour-
suit la VÉRITÉ, d'avoir été par fois irrésolu
dans les décisions que sa Sagesse lui dic-
toit, au moins ses fautes ont cela de bien particulier, qu'elles puisent leur origine dans
une vertu qui porte avec soi leur excuse.
Ce seroit à vous de le défendre en cette
occasion, AIMABLE MODESTIE, vous qui
pourriez devenir fière de vous trouver assise
sur le trône des Rois. Mais vous aimez à
garder le silence, et je défendrai LOUIS-

Auguste pour vous. Hélas! combien sa Modestie devroit augmenter le respect des François envers ce Prince! N'ont-ils pas encore sous les yeux le spectacle des horribles fléaux que verse à pleines coupes, sur le plus florissant Etat, l'impitoyable Orgueil, lorsqu'il peut usurper le sceptre? N'oublions pas d'ailleurs que c'est Louis, le plus modeste des hommes, qui a dit en toute vérité : « Si, dans quelque circons-
» tance, il semble que j'aie pris le mauvais
» parti, c'est pour des raisons qui l'eussent
» rendu le meilleur, sans les trahisons con-
» tre lesquelles la prudence la plus éclairée
» n'a point de précautions à prendre. »

Admirons donc en Louis une vertu dont il donna des témoignages si touchans, dès l'âge même où la présomption semble une qualité naturelle.

On vient le saluer Roi de France et

de Navarre : « O mon Dieu ! dit-il , aidez
» mon insuffisance. » Que ce peu de paroles montrent la franchise et la beauté de
son ame ! Aucun regret apparent pour son
aïeul , dont il avoit déjà prévu la perte ;
mais que d'amour pour le Peuple françois,
et quelle sublime Modestie !

La Peyrouse est , depuis trois mois , livré
à l'inconstance des vents, pour tenter par le
Nord un passage dans la mer des Indes; c'est
alors seulement qu'on peut apprendre que
le travail de cette belle conception appartient à LOUIS-AUGUSTE. « Je ne voulois
» pas, dit-il au Ministre de la Marine ,
» qu'on jugeât le Roi, mais la chose ; et je
» craignois de plus, que quelque événement
» de mer ramenant M. de La Peyrouse dans
» nos ports, il n'en prît occasion d'user de
» complaisance dans son journal, s'il eût
» appris que j'avois fait ce travail. »

« Je ne croyois pas, lui dit un autre Ministre, étonné de son instruction sur un sujet différent, que Votre Majesté eût poussé aussi loin ses connoissances dans cette partie : « C'est pourtant bien peu de chose, » répond Louis; et c'étoit en effet bien peu de chose, eu égard à l'étendue de ses études.

Un Homme de Lettres étoit tout surpris d'une conversation qu'il avoit eue avec Louis-Auguste, sur une hymne de Santeuil et sur une ode d'Horace. « Vous ne vous doutiez pas, lui dit son valet-de-chambre, que le Roi fût si instruit. Eh bien ! lui-même ne s'en doute pas davantage, et son esprit étoit assurément loin de songer à vous étonner; mais vous êtes Homme de Lettres, et il vous a parlé littérature. »

M. de Malesherbes communique un projet à Louis-Auguste, pour l'examen et l'amélioration du sort des détenus, et l'engage à visiter les prisons. LOUIS adopte le projet: « Pour moi, dit-il, je ne visi- » terai aucune prison ; faisons le bien, » M. de Malesherbes, mais faisons-le sans » ostentation. »

La vanité lui est si étrangère, qu'il rejette un pompeux distique pour une statue qu'on veut lui ériger ; et c'est seulement à force d'instances qu'on obtient enfin la liberté d'y mettre cette courte inscription : *A Louis XVI, âgé de 26 ans !* Pourrois-je aussi ne pas rapporter sa réponse à un poète ingénieux, qui lui présentoit un compliment en vers : « Je ne me reconnois pas » du tout, Monsieur, au portrait que vous » avez cru faire de moi ; mais il me plaît » comme un beau modèle auquel je vou- » drois bien ressembler. »

Avant même qu'il fût Roi, il avoit déjà fait connoître combien la flatterie lui étoit odieuse. De jeunes courtisans l'importunent de leurs prodigues adulations, et cherchent en leur esprit quel surnom honorable lui conviendra le mieux, quand il sera sur le trône : *Le Sévère*, prononça le DAUPHIN, avec une sainte brusquerie, pour terminer leurs fastidieux éloges. Le ROI fut sévère effectivement pour les autres et pour lui-même, en tout ce qui se rattachoit au respect des Mœurs et à la Religion de ses pères.

Tel fut le noble motif de l'AUSTÉRITÉ de LOUIS.

Il vouloit mettre un frein à la dépravation honteuse que l'esprit philosophique avoit répandue dans toutes les classes de la société ; et à cet égard, il étoit impétueux et quelquefois brusque. Lors d'un voyage qu'il fit à Fontainebleau, les comédiens françois lui soumettent leur répertoire, quoiqu'il ne fût que Dauphin. LOUIS-AUGUSTE prend le papier, et dit en le jetant au feu : » Voici le cas que je fais de ces sortes de » choses. »

Il apprend, vers la même époque, qu'une des premières places de sa Maison doit être donnée à un jeune Gentilhomme d'une mauvaise conduite : « S'il l'obtient, dit » LOUIS, qu'il n'approche pas de ma Per- » sonne, je le dispense de son service. » Là, il ne s'agissoit que de lui seul : il ne veut point résister directement à la volonté du ROI. Mais s'il vient à connoître qu'une certaine femme, forte de son crédit à la Cour, a obtenu l'honneur de souper avec la Dauphine, il se rend chez Louis XV : « SIRE, dit-il, je suis disposé à donner » personnellement à Votre Majesté toutes » les marques possibles de tendresse, de

» soumission et de respect ; mais il est de
» mon intérêt, ainsi que de mon devoir,
» de ne laisser approcher de Madame la
» Dauphine aucun scandale. »

Voilà celui qu'un Public crédule accuse d'avoir manqué de caractère ; parce que dans ce qui touche sa seule personne, et pour ce qui semble intéresser le bonheur de son Peuple, il est constamment prêt à faire les plus grands sacrifices, avec tout l'abandon d'une véritable bonté. Néanmoins sa FERMETÉ ne fut jamais équivoque toutes les fois que la cause des Mœurs et de la Religion sembloit la réclamer.

Dès son avénement au Trône, Madame Dubarry est reléguée dans un monastère ; et la première parole de LOUIS au Lieutenant-Général de Police, fait voir toute l'élévation des pensées du Prince. « Vous » veillerez donc, Monsieur, sur les mœurs » à Paris, tandis que je tâcherai de les réta- » blir à la Cour. »

Louis ne s'écarta point de la règle qu'il s'étoit tracée. L'on sait que la faveur de M. le comte de Maurepas fut insuffisante, auprès d'un Roi qu'on accuse de foiblesse, pour protéger le duc de la Vrillière, son parent ; le duc d'Aiguillon, son allié ; ainsi que l'abbé Terray.

Louis supprima, comme immorales et surcharges du Peuple, les pensions appelées croupes, que le fermier de l'impôt payoit à certains favoris de la Cour. Il fit les lois les plus sages contre les joueurs et leurs adhé- rens. Il décerna des amendes solidaires et des peines flétrissantes contre eux. Il dé- créta la nullité des engagemens de toute es- pèce qui auroient cette passion pour cause.

« Qu'un homme se ruine, disoit-il un
» jour, en présence d'un grand Seigneur
» qui perdoit sa fortune au jeu et ne payoit
» pas ses véritables dettes, c'est un travers
» dont il est la première victime ; mais qu'il
» prétende aussi ruiner les autres, c'est un
» désordre que les lois doivent poursuivre,
» et que je ne souffrirai jamais. »

Toutefois, c'est la célèbre affaire du Collier qui donna l'occasion à LOUIS de déployer toute sa Fermeté, et qui montre combien fut inflexible son profond respect pour les mœurs.

Cette parure de diamans que LOUIS-AUGUSTE n'avoit pas voulu donner à la Reine, des intrigans audacieux ne désespèrent pas de s'en rendre les maîtres, et voici ce qu'ils viennent à bout de persuader à un Prélat trop confiant : *Il se présente pour vous*, lui disent-ils, *une occasion de regagner, auprès de la Reine, la faveur que vous a fait perdre votre ambassade à la Cour de Vienne; c'est de lui fournir les moyens de se procurer la riche parure des bijoutiers Boehmer. Il faut d'abord en débattre le prix avec eux, et vous engager en personne; mais Sa Majesté payera le tout de sa cassette en quatre payemens égaux. Si Votre Eminence entreprend cette négociation, comptez sur toute la gratitude de Sa Majesté: et pour que nos paroles vous inspirent plus de confiance, trouvez-vous vers le soir, dans tel bosquet de Versailles que vous nous indiquerez; elle-même le traversera pour vous présenter une rose, comme gage de sa reconnoissance.* »

Cette scène fut en effet jouée par une actrice qui ressembloit un peu à MARIE-ANTOINETTE, et qui se revêtit et se coiffa selon sa manière habituelle. Le lendemain on montre au Cardinal une fausse autorisation de la Reine pour terminer l'achat. Plus de doute pour lui. L'intrigante qui a conduit cette affaire s'empare du collier, et le collier disparoît pour toujours; mais la honte reste éternellement pour le Prélat crédule, qui a pu follement s'imaginer, que la Reine se permît jamais de porter une parure de cette espèce, sans le consentement, ou pour mieux dire, contre l'ordre du Roi.

Cependant Boehmer a conçu des craintes; il s'adresse à MARIE-ANTOINETTE, et tout est bientôt découvert : rien néanmoins ne transpire encore à la Cour; et le Cardinal, en sa qualité de Grand-Aumônier de France, vient le jour de l'Assomption pour officier dans la chapelle de Versailles. On l'introduit sur-le-champ chez le Roi. Interpellé de répondre pour qui fut fait l'achat de la parure de pierres fines des bijoutiers Boehmer, il invite la Reine à daigner elle-même exposer les faits. Aux reproches qu'elle lui adresse alors sur son impudence, il ouvre enfin les yeux, s'aperçoit qu'il a été dupe, et proteste de son innocence, que l'accablement où il se trouve ne lui permet pas de prouver. « Remettez-vous, dit le » Roi ; car, je vous le répète, je voudrois » vous trouver innocent ; si notre présence » vous trouble, passez dans ce cabinet, » écrivez ce que vous avez à dire pour votre » décharge. » En vain le Cardinal cherche à rasseoir ses idées : il ne trouve rien pour sa justification, et s'en remet à la clémence royale. Mais Louis annonce qu'il va le faire arrêter ; et le Prélat inutilement supplie qu'on lui épargne cette douleur dans un moment où il est revêtu de ses habits pontificaux. « Il faut que cela soit ainsi, » répond Louis avec calme ; et cela fut ainsi. Le rang sacré du personnage ne vous arrête point, ô Prince vraiment pieux! cette Religion sévère que vous honorez si parfaitement par vos exemples, reçoit, vous le savez, moins d'affront du scandale puni de ses Ministres, que de leur scandale pardonné; et vous n'avez point oublié que Dieu lui-même, dans l'ancienne loi, n'hésita jamais à faire luire le glaive de sa justice sur les Prêtres de ses autels, qui avoient déshonoré leur caractère.

Cette mesure de vigueur fut de la plus grande importance pour la gloire de MARIE-ANTOINETTE. LOUIS-AUGUSTE pouvoit, d'un seul mot, assoupir cette affaire scandaleuse; mais alors si le nom de la Reine n'eût rien souffert à cette époque, il se trouvoit compromis pour toujours dans les annales impérissables de l'Histoire. LOUIS avoit à un haut degré ce sentiment des convenances que donne la noblesse de l'ame : il voulut, à quelque prix que ce fût, mettre à l'abri de tout soupçon la réputation de MARIE-ANTOINETTE; sa grandeur dédaigna le scandale d'un jour, pour soustraire lui et sa compagne aux doutes injurieux de tous les siècles. La publicité du procès dissipa les diffamations obscures des ennemis de la Reine : et chose admirable ! elle put se trouver au milieu de nos derniers troubles, sans que ses persécuteurs eux-mêmes osassent jamais, pour la décrier, se servir du fond de cette intrigue.

Pour achever ce tableau de la Fermeté de LOUIS, je dirai qu'une fois, dans le cours de la révolution, il intima à la Reine elle-même l'ordre de garder ses appartemens durant une quinzaine entière? Eh quoi! devois-je rappeler un fait qui semble défavorable à cette Princesse ? A Dieu ne plaise;

je m'en serois gardée, si je croyois produire cette fausse impression. Mais ce couple n'étoit point l'union de deux ames vulgaires; et sans craindre aucunement de nuire à leur solide gloire, on peut pénétrer dans les replis de leur cœur, rapporter leurs expressions intimes, révéler leurs actions les plus secrètes. Les motifs de ce bon ROI pour donner un tel ordre à MARIE-ANTOINETTE, je n'ai nullement besoin de les exposer ici; mais ce que je veux rendre public, c'est la noblesse de la Reine à reconnoître la vérité du fait en plein tribunal révolutionnaire. Je doute qu'aucun ménage pût offrir une particularité intérieure aussi honorable à chacun des époux. Fermeté de LOUIS-AUGUSTE, que je vous louerois en cette circonstance, si la grandeur d'ame de MARIE-ANTOINETTE à convenir d'une telle défense, sans daigner en expliquer les raisons, ne me paroissoit plus admirable encore dans son illustre rang (1) !

La Fermeté est une vertu si essentielle et de si grand apparat dans un Prince, qu'on n'examine pas toujours, avant de l'admirer, si elle est conforme à la justice. Quant au ROI, il ne cessa jamais d'être juste alors qu'il fut ferme, ou plutôt il ne voulut jamais être ferme que pour ne pas cesser d'être juste. JUSTICE DE LOUIS, c'est vous que je vais montrer, vous qu'il reconnut si bien pour sa première loi, en faisant réimprimer à ses

---

(1) Le Roi sachant que les esprits étoient exaspérés contre la Reine, craignit qu'elle ne fût insultée en public. Quelques personnes prétendent aussi, que la Reine vouloit à elle seule faire un *Coup d'Etat*, par lequel cette Princesse espéroit rendre au Roi toute son autorité.

frais, dès qu'il fut sur le trône, ce traité précieux pour lui : *Les devoirs du Prince réduits à un seul principe :* LA JUSTICE.

Tous les Actes émanés du ROI montrent, en effet, que cette vertu fut son guide.

On lui dénonce un boulanger de Saint-Cloud qui, profitant de l'affluence du Peuple dans ce bourg pour voir le nouveau Monarque, vend le pain au-dessus de la taxe. LOUIS, après avoir entendu la plainte, veut aussi entendre l'accusé, qui avoue la fraude et implore sa clémence. « Mon ami, répond » le ROI, si tu m'avois trompé, je pourrois » te faire grace; mais je ne la ferai jamais, » il m'est impossible de la faire aux enne- » mis de mon Peuple. »

On sollicite un arrêt de surséance aux poursuites des créanciers d'un Seigneur de la Cour : cette demande est vaine. On présente la même requête pour un Mar-

chand : « Ainsi que le Seigneur, dit LOUIS-
» AUGUSTE, le Marchand doit payer ses
» dettes. » Le rapporteur ajoute qu'au
compte du feu Roi il est dû à ce même
Marchand une somme suffisante pour payer
ses créanciers. « Eh bien ! reprend LOUIS-
» AUGUSTE, je dois l'exemple; et j'ordonne
» que le ROI payera sans délai, afin que le
» Marchand puisse payer. »

Son Conseil déclare que les landes de
Bordeaux font partie de son domaine, et
qu'il seroit avantageux d'en faire des con-
cessions à des particuliers assez riches pour
avancer le prix des défrichemens. Quelques
propriétaires riverains, lésés par cette or-
donnance, réclament au Parlement de Bordeaux, qui députe vers LOUIS. Il examine
l'affaire avec les Députés eux-mêmes, et la
décide selon les vrais principes du droit.
« A Dieu ne plaise, leur dit-il, que jamais

» j'autorise qu'on porte atteinte à la propriété
» du moindre de mes Sujets ; mais j'ai voulu
» m'éclairer et conférer avec vous sur les
» moyens qui pourroient être en mon pou-
» voir d'augmenter en même-temps la fer-
» tilité et la salubrité de votre pays, sans
» que la justice en souffre. »

Des paysans arrivent du fond de l'Alsace pour dénoncer l'Intendant de cette Province ; la dénonciation est, aux yeux du Ministre, une intrigue à laquelle ces hommes simples servent à leur insçu. Cela « peut être, dit le Prince, mais aussi il » y a peu d'apparence que, sans l'intime » conviction de quelque abus d'autorité à » leur préjudice, des paysans se détermi- » nent à un si long voyage, au risque de » se faire un ennemi puissant de celui dont » ils n'auroient pas réussi à faire un cou- » pable à mes yeux. » Qu'arriva-t-il en effet ?

qu'après l'examen de la requête, il fallut révoquer le magistrat. Bientôt ensuite, des commissaires d'un honneur reconnu furent envoyés pour recueillir, au nom de LOUIS, les plaintes de ses Sujets contre les petits tribunaux de Provinces, et adresser à son Conseil les réclamations raisonnables.

On accuse M. le comte de Grasse de trahison ou de lâcheté, et on lui fait son procès. Il se présente à la Cour, et demande à être introduit auprès du ROI, qu'on veut détourner de le recevoir : « Eh! pourquoi, dit LOUIS-AUGUSTE, refuser si peu » de chose à celui qui, de quelque manière » que ce soit, est dans le malheur; si je ne » puis lui faire un accueil bien empressé, » je lui prouverai du moins que ma préven- » tion n'influera pas sur son jugement. »

Le Ministre de la Guerre présente au ROI, pour les places d'officiers vacantes, une liste très-nombreuse de candidats ; Louis, rayant d'abord les noms apostillés par la Reine, par les Princes ses frères, et par d'autres grands Personnages, dit au Ministre tout surpris : « Ne voyez-vous » pas que ceux qui ont de si beaux appuis » sauront toujours se tirer d'affaire, et » qu'il est de justice que Moi, le Père » commun de mes Sujets, je m'établisse le » protecteur de ceux que je vois destitués » de toute protection. »

Un Maître des requêtes, nommé à une Intendance, veut lui faire agréer ses remerciemens : « C'est moi, Monsieur, qui vous » devrois bien de la reconnoissance ; mais » vous, vous m'en devez si peu, que si je » connoissois un seul homme en France, » plus en état que vous de faire le bien de » mon Peuple dans l'emploi que je vous » destine, vous ne l'auriez pas. »

Louis faisant un examen des pensions de sa cassette, voit que le fils de son trésorier, enfant âgé de dix ans, est inscrit pour une pension de 1000 francs, au-dessus d'un vieux domestique du feu Roi, porté seulement pour 300 livres. « Voilà » qui n'est pas juste, dit-il, vous transpo- » serez ces deux pensions. »

Enfin, les Etats-Généraux qui furent cause de tant de malheurs, c'est parce qu'ils paroissent devenir indispensables pour procurer la restauration des finances, qu'ils sont convoqués par Louis! Vainement un Seigneur s'écrie : qu'une banqueroute seroit plus profitable. Le Roi répond avec vivacité, qu'il aimeroit mieux s'exposer à tout que de manquer à ses engagemens, *et de se sentir injuste envers un seul de ses Sujets.*

Si l'on ne parvint que peu à peu à connoître

l'Instruction, la Sagesse, la Justice de LOUIS ; on remarqua, dès son avénement au trône, SA RÉGULARITÉ DANS LES AFFAIRES, ET SON AMOUR DE L'ORDRE.

« Ma juste douleur, Messieurs, dit-il
» à la première réunion de ses Ministres,
» cède aux devoirs de la royauté ; je vous
» ai appelés pour vous instruire de mes in-
» tentions. Indépendamment des Conseils
» où je promets d'assister régulièrement,
» et où j'appellerai les personnes qui m'en
» auront paru dignes par leur zèle et leurs
» lumières, que chacun de vous se tienne
» prêt, aux heures que j'indiquerai, à me
» rendre un compte clair et exact de son
» département, et à prendre mes ordres
» pour la suite des opérations qui y seront
» relatives. Comme je ne veux m'occuper
» que de la prospérité de mon Royaume et
» du bonheur de mes Sujets, ce n'est qu'en

» vous conformant à mes principes, que
» votre travail aura mon approbation. »

Tel le Roi s'annonçoit dans ses paroles, tel on le retrouve dans ses actions.

Louis montoit en voiture pour la chasse de Saint-Hubert, lorsque le Ministre de la Guerre lui fait remettre trois mémoires, d'une demi-heure de lecture chacun ; il importoit que ces pièces partissent pour Brest la nuit suivante. A six heures du soir, le Roi rentre à Versailles, s'arrête devant l'Hôtel de la Guerre, fait remettre au Ministre les trois mémoires, raturés et apostillés de dix notes marginales, dont huit sont des décisions très-judicieuses ; la neuvième, l'exposé d'un doute à éclaircir ; et la dixième, la remarque d'une contradiction qui se trouve entre deux paragraphes d'un de ces mémoires.

Jamais une occasion de montrer son AMOUR POUR L'ORDRE ne se présente vainement à lui. Un jour de fête où il se trouve au château de la Muette, et où il veut assister à la Messe paroissiale, le curé de Passy demande l'heure du ROI : « Mon » heure, répond LOUIS, sera celle qui est » fixée par les statuts du diocèse ; ma pré- » sence ici, loin d'intervertir l'Ordre, de- » vroit le rétablir s'il n'existoit pas. » Ce fut aussi ce Prince qui engagea les évêques à ne point sortir de leurs diocèses sans une permission particulière.

Un autre jour qu'il se promenoit à Versailles de grand matin, à pied et sans aucun cortége, surpris de la malpropreté de la rue le long de la façade d'une maison, il en fait

demander le maître, qui veut, avant de se lever, qu'on lui dise le nom de celui qui le visite. Le ROI continue alors sa promenade, et de retour à son château, il mande, auprès de sa personne, le particulier qui n'a pas voulu le recevoir, et dont la profession étoit la chirurgie. « C'est moi, Mon-
» sieur, lui dit le ROI, qui vous ai fait éveil-
» ler ce matin ; je voulois seulement vous
» faire observer qu'un chirurgien est plus
» inexcusable qu'un autre, quand il pêche
» contre les règlemens de police qui ont
» pour objet la propreté des rues, d'où
» dépend la salubrité de l'air ; mais je vous
» ajouterai qu'il ne convient pas qu'un
» homme qui s'annonce par une enseigne
» comme dévoué au service public des ma-
» lades, se décide seulement sur le nom
» à écouter ceux qui le demandent. »

8 *

Il seroit surprenant que je n'eusse point à rendre hommage à la généreuse Economie du Prince, qui montroit tant d'amour pour l'Ordre. On eut occasion de la remarquer dans sa Maison et dans les finances de l'Etat. « Il est des dépenses, dit-il,
» qui tiennent à notre personne et au faste
» de notre Cour ; sur celles-là nous pour-
» rons suivre plus promptement le mou-
» vement de notre cœur, et nous nous
» occupons déjà des moyens de les réduire
» à des bornes convenables. De tels sacri-
» fices ne nous coûteront rien, dès qu'ils
» pourront tourner au soulagement de nos
» Sujets. Leur bonheur sera notre gloire,
» et le bien que nous pourrons leur faire
» sera la plus douce récompense de nos
» soins et de nos travaux. »

Tel fut le but de ces réformes nombreuses dans sa Maison militaire et dans ses

Palais. Veut-on renouveler, comme trop antique, le mobilier de Fontainebleau : il n'y voit qu'une dépense superflue, et d'ailleurs, *il chérit tout ce qui a été à l'usage de ses pères*. Non-seulement il ne se permet pas de faire bâtir des châteaux, il en fait abattre ; et le produit des démolitions est appliqué aux hospices. La dépense qu'entraîneroit le déplacement de la Cour lui paroît-elle trop considérable pendant la campagne de 1779 : il arrête qu'il n'y aura point de voyage pour cette fois ; et loin de vouloir qu'on lui sache gré de ce sacrifice, il prétend que c'est une jouissance qui lui donnera le moyen précieux d'armer un vaisseau de plus.

Lorsque l'état malheureux des finances du Royaume, ou pour parler avec plus de vérité, lorsque le dénigrement de ses ressources, tactique adoptée par les fauteurs de la révolution, demande des réformes plus sérieuses, aucun sacrifice ne coûte au cœur de LOUIS; mais sachant que les fonds sacrifiés au luxe de la Cour ne sont qu'un emprunt fait à la masse des Sujets, qui le récupèrent ensuite individuellement avec usure, il est facile sur toutes les dépenses des personnes qui l'entourent ; ce n'est que sur lui seul qu'il veut faire tomber toutes les économies.

Le Prince qui, en s'imposant des privations de toute espèce, disoit avec une véritable philosophie : « Que font toutes ces » choses pour le bonheur ? » dut accueillir avec empressement les réformes qu'on lui proposa de faire dans sa Maison. « Assu- » rez, répond LOUIS à l'Assemblée qui le » consulte à cet égard, des fonds pour le » payement des intérêts dûs aux créanciers » de l'État, et qui puissent suffire aux dé-

» penses de l'ordre public et à la défense
» du Royaume ; pour ce qui me regarde
» personnellement, c'est la moindre de mes
» inquiétudes. »

Il semble, continue la VÉRITÉ, que l'Activité, l'Instruction, l'Etendue et la Force du Jugement, la Présence d'Esprit, la Modestie, l'Austérité personnelle et la Sévérité publique pour les Mœurs, la Justice, la Régularité, l'Amour de l'Ordre, et une généreuse Economie, sont des mérites assez solides pour rendre un Monarque digne de l'admiration de ses Peuples. Toutefois, je ne suis point encore au milieu de mon récit, et je vais premièrement faire connoître L'INTRÉPIDITÉ ET LA DIGNITÉ DU ROI, qualités précieuses, qui, toutes deux entourent d'une grande considération les Princes assez favorisés pour les déployer avec succès.

Mais si toutes les circonstances donnent à LOUIS l'occasion de montrer des vertus, parce qu'aucune ne lui est étrangère, la fortune lui ravit constamment ce vernis qui les rend brillantes aux yeux d'un Peuple aussi prompt à admirer ce qui l'éblouit d'une lumière naturelle ou factice, que lent à sentir et à exprimer l'enthousiasme pour la plus noble conduite, quand elle est privée de l'éclat du bonheur.

Il vient de fixer le jour de son départ de Versailles pour Paris au vendredi 17 juillet. Une femme, d'une mise honnête et aisée, se présente au palais, et déclare à M. le duc de Villeroi, capitaine des Gardes de service, qu'elle a entendu plusieurs hommes s'entretenir du ROI, et dire de ce Prince : *Il croit arriver vivant à Paris, il y entrera mort ; son cadavre sera traîné dans les rues.* « Remarquez, Monsieur, ajoute-t-elle, que je ne suis ni ivre ni folle. Au surplus, si l'on attente aux jours du Roi, la France et la postérité sauront l'avis que j'ai donné; et vous, Monsieur, vous aurez à répondre de ce qui peut arriver. » En vain ce Seigneur rapporte l'avertissement à Louis ; en vain il lui suggère de s'éloigner pour ne pas exposer ses jours : « Je ne crois pas, dit le » Roi, que le danger soit tout ce qu'on le » fait, j'irai à Paris; mes intentions sont » pures, Dieu les connoît, je me confie en » son aide : mon Peuple aussi doit savoir » que je l'aime. »

Ses Ministres ne veulent point signer son refus de sanctionner le décret du licenciement de sa Garde. « Eh bien! Messieurs, puisque vous craignez tant de vous » compromettre, je n'écrirai point, j'irai » à l'Assemblée; vous m'y accompagnerez

» seulement, et ce sera moi seul qui ex-
» poserai mes motifs de refus. »

On arrête sa voiture, à son départ pour Saint-Cloud. M. de Duras, qui l'accompagne, est entraîné par la Garde Nationale: « Grenadiers, dit le Roi vivement, ra-
» menez-moi ce Gentilhomme: » et M. de Duras lui est rendu sain et sauf, malgré le trouble qui l'environne lui-même.

A l'époque du 20 juin, on braque un canon sur son appartement; on enfonce une première porte à coups de hache: « Que
» voulez-vous? » dit le Roi en se présentant à ces furibonds, que déconcerte son regard majestueux. Ils osent cependant lui demander sa signature au décret de déportation des Prêtres: « Ce n'est ni le moment de la sol-
» liciter, ni celui de l'obtenir, » répond Louis avec un grand calme; et le courage du Roi fait encore échouer ce complot.

DU BON ROI LOUIS XVI.  123

La crainte n'aborda jamais sa grande ame. Environné de mille baïonnettes qui le menacent, le chef des conjurés lui dit de ne rien craindre. « Moi, craindre? s'écrie LOUIS » avec vivacité, c'est à ceux qui n'ont pas le » cœur pur à craindre la mort. Tiens, mon » ami, dit-il à un grenadier dont il porte la » main sur sa poitrine, mets-là ta main, et » dis à cet homme si mon cœur palpite plus » fort qu'à l'ordinaire. » Ah! quelle intrépidité eût fait voir ce Prince, s'il avoit pu combattre à découvert les ennemis de son Peuple ou ceux de sa Religion!

Mais la DIGNITÉ DE LOUIS est égale à son courage, et sans jamais manquer à la prudence que lui prescrit le péril de sa position, il déploie toute la Majesté souveraine envers ceux de ses Sujets qui semblent oublier son rang.

Un Député qui, au 10 août, venoit de voter pour son interdiction, s'excuse auprès de lui, comme voulant par ce moyen sauver sa personne sacrée, puisqu'il ne peut sauver sa dignité. « Je ne puis convenir, » répond LOUIS, que déchirer mon man- » teau royal soit le meilleur moyen de ga- » rantir ma personne. »

L'audacieux Maire de Paris, après avoir prévenu le Prince de sa visite au Temple, arrive deux heures plus tard qu'il ne l'avoit annoncée, se présente avec ses adjoints, et demande au ROI son épée. « Messieurs, dit » le Monarque, après quelques momens » d'une grande agitation, je la dépose entre » vos mains; plus ce sacrifice me coûte, plus » il vous garantit mon amour pour la tran- » quillité publique. Au reste, c'est ici une » suite des mauvais traitemens que j'éprouve » depuis quatre mois. Ce matin, on a sé-

» paré mon fils de moi, c'est une jouissance
» dont on m'a privé. Je vous attendois de-
» puis deux heures, ajoute-t-il en regar-
» dant le Maire avec fierté. » C'est ainsi
que LOUIS ne cesse d'être grand, là même
où il ne lui semble pas permis de chercher
à le paroître. Et qu'on ne dise point qu'au
lieu de remettre son épée avec noblesse,
il auroit dû la plonger tout entière dans le
sein de celui qui la lui demandoit. Ces actions peuvent servir sans doute, lors d'un
complot inattendu, si le Souverain se trouve
entouré d'un certain nombre de personnages, parce qu'elles donnent de l'énergie à
ceux qui lui sont encore fidèles, et qu'elles
frappent de terreur les conjurés ; mais toute
autre conduite qu'eût tenue LOUIS, en cette
circonstance, lui auroit fait perdre de sa
Dignité, sans rien changer à son sort.

En vain, à la barre de la Convention,

l'on affecte de l'appeler Louis Capet. A ce mot, LOUIS relevant la tête, prouve, par son maintien noble et sévère, qu'il est toujours le Roi de France ; et la populace qu'on a payée pour le honnir, est tellement saisie d'admiration, à la dignité de ses réponses, et de respect, à son regard majestueux, que plusieurs s'écrient à travers leurs sanglots : « Ah! mon Dieu, mon Dieu, comme il me fait pleurer! » Les Députés eux-mêmes, qui se sont partagé les rôles de leur plan régicide, se trouvent déconcertés, et ne savent quel parti prendre. LOUIS est loin d'accorder à ses Sujets le droit de le juger ; cependant après avoir entendu lecture de son acte d'accusation, lorsque sur l'avis de ses Conseils (1),

---

(1) *Lettre du Roi à M. de Malesherbes.*
Du Temple.
Je n'ai point de termes, mon cher Malesherbes, pour vous exprimer ma sensibilité pour votre su-

il se résout à se justifier, il le fait sans rien perdre de son éclat royal : « Je n'ai jamais

blime dévouement. Vous avez été au-devant de mes vœux : votre main octogénaire s'est étendue vers moi pour me repousser de l'échafaud ; et si j'avois encore mon trône, je devrois le partager avec vous pour me rendre digne de la moitié qui m'en resteroit. Mais je n'ai que des chaînes, que vous rendez plus légères en les soulevant ; je vous renvoie au ciel et à votre propre cœur pour vous tenir lieu de récompense.

Je ne me fais pas illusion sur mon sort; les ingrats qui m'ont détrôné ne s'arrêteront pas au milieu de leur carrière; ils auroient trop à rougir de voir sans cesse sous leurs yeux leur victime. Je subirai le sort de Charles I$^{er}$, et mon sang coulera pour me punir de n'en avoir jamais versé.

Mais ne seroit-il pas possible d'ennoblir mes derniers momens ? L'Assemblée nationale renferme dans son sein les dévastateurs de ma Monarchie, mes dénonciateurs, mes juges, et probablement mes bourreaux ! on n'éclaire pas de pareils hommes ; on ne les rend pas justes ; on peut encore

» craint que ma conduite fût examinée pu-
» bliquement; mais mon cœur est déchiré

moins les attendrir. Ne vaudroit-il pas mieux mettre quelque nerf dans ma défense, dont la foiblesse ne me sauveroit pas ? J'imagine qu'il faudroit l'adresser non à la Convention, mais à la France entière qui jugeroit mes juges, et me rendroit dans le cœur de mes Peuples une place que je n'ai jamais mérité de perdre. Alors mon rôle à moi se borneroit à ne point reconnoître la compétence du tribunal où la force me feroit comparoître. Je garderois un silence plein de dignité, et en me condamnant, les hommes qui se disent mes juges, ne seroient plus que mes assassins.

Au reste vous êtes, mon cher Malesherbes, ainsi que Tronchet qui partage votre dévouement, plus éclairés que moi : pesez dans votre sagesse mes raisons et les vôtres ; je souscris aveuglément à tout ce que vous ferez. Si vous assurez cette vie, je la conserverai pour vous faire ressouvenir de votre bienfait ; si on nous la ravit, nous nous retrouverons avec plus de charmes encore au séjour de l'immortalité. LOUIS.

» de trouver dans l'acte d'accusation l'impu-
» tation d'avoir voulu faire répandre le sang
» du Peuple, et surtout que les malheurs du
» 10 août me soient attribués. Je croyois
» que les preuves que j'avois données, dans
» tous les temps, de mon amour pour le
» Peuple, et la manière dont je m'étois tou-
» jours conduit, paroissoient devoir prou-
» ver, que je craignois peu de m'exposer
» pour épargner son sang, et éloigner à ja-
» mais une pareille imputation. »

Jamais la Dignité du Roi ne se trouve en défaut : Il refuse de reconnoître un papier qu'on lui présente dans cette même séance, et le président veut insister par ces mots: « Reconnoissez-vous l'apostille? » « J'ai » dit que je ne reconnoissois pas cela, » reprend LOUIS-AUGUSTE avec fierté.

Beaucoup de personnages, j'en conviens, se sont montrés grands dans les circonstances heureuses ; je doute pourtant, sans vouloir insulter à leur mémoire, qu'aucun d'eux eût une grandeur assez réelle pour soutenir, avec cette Dignité, une fortune aussi constamment contraire ; avec cette Majesté, des humiliations toujours renaissantes.

Le courage est une de ces vertus qu'il est possible de faire briller d'un faux éclat, en le poussant jusqu'à la folie : Charles XII en offriroit plus d'un exemple. Inutilement je cherche dans l'Histoire un autre Roi qui, dans une mesure parfaite comme Louis-Auguste, élève le courage et la dignité jusqu'au véritable héroïsme. M. De Sèze lui présente son plaidoyer, où il a fait usage de toutes les ressources de l'art oratoire : « Cela est beau, dit Louis, mais renfer-
» mons-nous dans la simplicité du vrai ;
» c'est la justice, et non pas une grace que

» je réclame : je ne veux pas émouvoir,
» mais persuader. »

Non-seulement LOUIS est intrépide pour attirer sur sa personne le péril qui menace les siens, et rempli de dignité pour conserver intact l'honneur de sa Couronne ; il est encore le modèle du calme le plus stoïque, lorsque tout espoir est perdu pour lui. « Je sais à qui j'ai affaire, dit-il à M. de
» Malesherbes, je m'attends à la mort, et
» je suis prêt à la recevoir ; et ce qui vous
» étonnera peut-être, c'est que ma famille
» est préparée aussi pour cette dernière
» catastrophe. Vous me voyez bien tran-
» quille, j'irai à l'échafaud avec cette même
» tranquillité. »

En effet, la nuit qui précéda la fatale exécution, il se couche comme à l'ordinaire, et M. Cléry qui, selon ses ordres, se présente le matin à six heures, le trouve endormi profondément. Vient-on le chercher pour le conduire à la mort : « *Partons* », dit-il d'une voix noble et ferme. Ainsi, jusqu'au dernier moment, il conserve l'honneur de sa Couronne ; et victime de son amour pour ses Sujets, lui seul donne le funeste signal qui doit consommer le sacrifice.

Mais le ROI savoit réunir les qualités les plus contraires : chez lui l'Austérité de Mœurs, la Dignité et la Force, n'excluent ni L'AFFABILITÉ, ni cette AIMABLE SIMPLICITÉ, dont son illustre aïeul, Henri IV, lui avoit fourni de si beaux modèles.

Un étranger pénètre jusque dans le laboratoire du ROI, et lui demande M. Thierry : LOUIS cause familièrement avec ce particulier, et le conduit chez son valet-de-chambre.

Dans le voyage de LOUIS-AUGUSTE à Cherbourg, une dame se jette à ses pieds,

## DU BON ROI LOUIS XVI. 133

et réclame sa bienfaisance pour une femme respectable, pauvre, et mère de douze enfans. Le ROI promet de se souvenir de la recommandation, et demande à la dame charitable ce qu'elle desire pour elle-même. Elle implore, comme la plus grande grace, l'honneur de baiser la main d'un si bon Prince. « Eh ! pourquoi pas le visage ? » reprend le digne rejeton de Henri, en embrassant avec cordialité la suppliante.

M. d'Albert de Rions, chef d'escadre, lui présente le bras pour le faire passer dans la corvette qui doit le transporter de Honfleur au Hâvre. LOUIS s'arrête, et dit à cet officier : « M. de Rions, je suis bien aise
» de vous prévenir d'une chose : c'est que
» quand je monte un vaisseau, j'entends que
» ce soit celui d'un Lieutenant-général. »

Il distribue des croix aux officiers de marine à Cherbourg ; le Ministre lui fait

remarquer qu'il lui en reste une encore, et que, par oubli sans doute, il n'en a pas décoré l'officier auquel il la destinoit. « Non,
» non! répond-il avec feu, Dieu me garde
» de l'oublier ; mais je veux avoir le plaisir
» de la lui porter moi-même à son bord. »
C'étoit à M. le comte d'Orvilliers, neveu du général de ce nom, que le ROI vouloit l'offrir.

M. de la Clochetterie, guéri des blessures qu'il avoit reçues dans le glorieux combat de la frégate *la Belle Poule*, est présenté à Versailles, et commence une partie de piquet ; quelqu'un s'écrie, qu'il a beau jeu : « M. de la Clochetterie, dit le ROI, en
» s'approchant, a toujours beau jeu ; à pro-
» pos de cela, j'ai des reproches à vous
» faire ; vous êtes un inconstant, ne cher-
» chez pas à vous en défendre ; vous êtes
» infidèle à *la Belle Poule*, car il est sûr

» que vous la quittez pour un vaisseau de
» 74 canons. »

Louis apprend la prise du fort Saint-Philippe sur les Anglois, par le duc de Crillon, qui envoie son fils porter cette nouvelle intéressante. « Elle va, dit le
» Roi, étonner ici bien du monde avec
» qui je n'ai jamais pu être d'accord, parce
» qu'on ne vouloit envisager que les diffi-
» cultés de l'entreprise, et que moi je son-
» geois uniquement, que monsieur votre
» père en étoit chargé. » Certes, il seroit impossible de citer une politesse plus affectueuse, et faite d'une manière plus spirituelle.

M. le Bailli de Suffren, au retour de sa glorieuse expédition dans les Indes, demande à être introduit chez le Roi ; il dînoit quand on vient prendre ses ordres : Louis va lui-même au-devant de ce brave

Général, le prend par la main, et le présente à la Reine, en lui disant : « Vous
» voyez, Madame, le meilleur de mes offi-
» ciers ; plût à Dieu que tous ceux que j'ai
» employés pendant cette guerre, m'eussent
» servi avec autant de courage et d'intelli-
» gence ; » et il ajoute alors : « M. de Suf-
» fren, je doute que je puisse vous rendre
» aussi content de moi que je le suis de vous.
» Mon premier gentilhomme de la chambre
» ne manquera pas de vous dire que je vous
» accorde les entrées; M. de Castries, que
» je vous nomme vice-amiral de l'Inde ;
» mais je n'ai voulu partager avec personne
» le plaisir de vous dire que je vous fais
» Chevalier de mes Ordres. »

Des journaux anglois font un éloge pompeux de l'administration de Necker; LOUIS en remet la traduction à ce Ministre: « Mon-
» sieur Necker, dit-il, vous savez l'anglois,

» je l'apprends ; voyez si j'ai bien traduit. »
On sait de quelle popularité jouissoit alors
le Ministre : ainsi cet à propos avoit en
outre le mérite d'être agréable à la Nation
françoise, si chère à son ROI.

Qu'il fut sincère, qu'il fut précoce et
constant, l'AMOUR DE LOUIS-AUGUSTE
POUR SON PEUPLE! On se rappelle encore
combien LOUIS, DAUPHIN, fut ému à une
représentation du *Siège de Calais*, lorsque
l'acclamation générale lui appliqua ces vers :

« Le François dans son Prince, aime à trouver un Frère,
» Qui, né Fils de l'Etat, en devienne le Père. »

Et avec quel épanchement de sensibilité il
s'inclina vers les spectateurs, quand il entendit cet autre passage :

« Rendre heureux qui nous aime est un si doux devoir. »

Aussi, lors de son sacre à Reims, on
l'entend dire: « Non, non, point de tapis-

» series ; je ne veux rien qui empêche le » Peuple et moi de nous voir ; » et il ne permet pas qu'on écarte la foule, heureux de l'empressement qu'on témoigne à son passage (1). Aussi dans une autre circonstance, où, après s'être livré long-temps aux regards et aux bénédictions de ses Sujets, il s'étoit absenté pour prendre un repos nécessaire, il ne peut résister aux cris d'amour de ce Peuple qui le demande ; et, malgré l'opposition de sa Cour, il se lève en prononçant ces mots avec une vive émotion : « Ah ! Messieurs, ce que je vois, ce « que j'entends me délasse. » Aussi, dans son voyage à Cherbourg, il écrit à la

---

(1) Le Roi se rendit à la belle promenade de Reims, après avoir laissé sa voiture et ses gardes au boulingrin qui est à l'entrée, et il se mit tellement dans la foule, que chacun pouvoit le toucher.

Reine avec tout l'épanchement de sa satisfaction : « l'amour de mon Peuple a re-
» tenti jusqu'au fond de mon cœur ; jugez
» s'il est au monde un Prince plus heureux
» que moi ! »

Ces témoignages d'amour, que Louis reçut de ses Sujets, n'étoient pas nécessaires pour exalter son affection personnelle, et pour rendre leur bonheur le premier besoin de son ame. N'avoit-il pas dit, dès le premier conseil qu'il tint après la mort de son aïeul ? « Mon desir le plus grand est de
» rendre mon Peuple heureux. »

Mais non-seulement le Roi pense au bonheur de ses Sujets actuels, il protége aussi de toute sa sollicitude jusqu'à leurs derniers neveux ; et ce bon Prince, qui répétoit à ses Ministres : « Soyons avares
» dispensateurs du trésor public : il est le
» prix des sueurs et quelquefois des larmes

» du Peuple ; » veut empêcher, par tous les moyens possibles, que ses successeurs ne s'écartent de la ligne sacrée que leur trace son amour royal : « Je ne crois pas, dit-il » à M. Necker sur un projet de finances, » qu'il soit prudent d'abolir les mots *don* » *gratuit*, parce que ce terme est antique, » et qu'il attache les amateurs de formes ; » ensuite il peut être bon de laisser à mes » successeurs un mot qui leur apprendra, » qu'ils doivent tout attendre de l'amour » des François, et ne pas disposer militai- » rement de leurs propriétés. »

C'est du bonheur de tous les François que son cœur s'occupe, beaucoup plus que du sien et de celui de sa famille : « Pourvu, » dit ce vertueux Monarque, que la liberté » et l'ordre public, ces deux sources de la » prospérité de l'Etat, soient assurés, ce » qui me manquera en jouissances person-

» nelles, je le retrouverai, et bien au-delà,
» dans la satisfaction attachée au spectacle
» journalier de la félicité publique. » Il ne
craignit même pas de dire : « Qu'importe,
» que mon autorité souffre, pourvu que mon
» Peuple soit heureux? » L'une des personnes de la Cour lui représentant alors,
que ses successeurs lui font un devoir impérieux de mettre des bornes à des sacrifices
dont ils souffriroient un jour : « J'habitue-
» rai mon fils, répond le Prince, à être
» heureux du bonheur des François. »

Mais qui n'a pas conservé le souvenir
de cette lettre paternelle de LOUIS à l'Assemblée Nationale : « Vous qui pouvez in-
» fluer par tant de moyens sur la confiance
» publique, éclairez sur ses véritables inté-
» rêts le Peuple qu'on égare, ce bon Peuple
» qui m'est si cher, et dont on m'assure que
» je suis aimé, quand on veut me consoler

» de mes peines. Ah! s'il savoit à quel point
» je suis malheureux à la nouvelle d'un at-
» tentat contre les fortunes, ou d'un acte
» de violence contre les personnes, peut-
» être il m'épargneroit cette douloureuse
» amertume? » Qui pourroit oublier son
discours au Commandant de la Garde Nationale, le 14 juillet : « Redites à vos com-
» pagnons, que j'aurois voulu leur parler
» à tous comme je vous parle ici : dites-leur
» que leur Roi est leur père, leur frère,
» leur ami ; qu'il ne peut être heureux que
» de leur bonheur, grand que de leur gloire,
» puissant que de leur liberté, riche que de
» leur prospérité, souffrant que de leurs
» maux! faites surtout entendre ces paro-
» les, ou plutôt ces sentimens de mon cœur
» dans les humbles chaumières ou dans les
» réduits des infortunés. Dites-leur que
» si je ne puis me transporter avec vous

## DU BON ROI LOUIS XVI.

» dans leurs asiles, je veux y être par mon
» affection et par les lois protectrices du
» foible ; veiller pour eux, vivre pour eux,
» *mourir, s'il le faut, pour eux?* »—Hélas!
les événemens ont trop réellement prouvé,
que cette éloquence étoit celle de l'ame, et
qu'aucun sacrifice n'étoit au-dessus de l'affection du Roi pour son Peuple.

On empêche son départ pour Saint-Cloud ; il se rend à l'Assemblée Nationale : « Messieurs, dit-il, je viens au
» milieu de vous avec la confiance que je
» vous ai toujours témoignée. Vous êtes ins-
» truits de la résistance qu'on a apportée
» hier à mon départ pour Saint-Cloud ; je
» n'ai pas voulu qu'on la fît cesser par la
» force, parce que j'ai craint de provoquer
» des actes de rigueur contre une multi-
» tude trompée, et qui croit agir en faveur
» des lois lorsqu'elle les enfreint. »

Le Roi est tellement rempli de l'amour qu'il porte à ses Sujets, qu'il ne peut rien dire à cet égard, sans montrer toute son émotion. « J'ai dû travailler au bonheur de » mon Peuple, dit-il à l'Assemblée Natio- » nale. J'ai fait ce que j'ai dû, mes dangers » personnels ne sont rien auprès des mal- » heurs publics; et qu'est-ce que les dangers » personnels pour un Roi à qui l'on veut » enlever l'amour de son Peuple? C'est-là » qu'est la véritable plaie de mon cœur. Un » jour, peut-être, ce Peuple saura combien » son bonheur me fut cher, combien il fut » toujours et mon seul intérêt, et mon pre- » mier besoin! »

Oui, Prince magnanime, le Peuple con- noîtra un jour combien il vous fut cher! L'Histoire l'apprendra à la génération la plus reculée; l'Histoire racontera toutes vos actions; elle transmettra vos paroles et vos

## DU BON ROI LOUIS XVI. 145

écrits, expressions si fidèles de vos pensées ; elle rappellera ce que vous répondîtes à un de vos Ministres, qui, dans une proclamation au Peuple, sur les événemens désastreux auxquels le Royaume étoit en proie, vous faisoit dire si faussement : « Ces » désordres troublent le bonheur dont nous » jouissons. » — « Eh Monsieur ! vous » écriâtes-vous alors avec sensibilité, com- » ment pourrois-je être heureux, quand » personne ne l'est en France ! Non, » Monsieur, non, les François ne sont » pas heureux ; ils le deviendront, il le faut » espérer, et c'est mon vœu le plus sincère : » quand nous en serons là, je jouirai de » leur bonheur, et je pourrai le déclarer » sans imposture. »

L'HISTOIRE fera connoître à toutes les générations :

Qu'il étoit le vrai Père du Peuple, le

Monarque infortuné qui, n'ayant plus que le vain nom de Roi, sans la puissance, bien plus chère à son ame, d'opérer le bonheur de ceux qu'il gouvernoit, s'écrie tout ému, quand il aperçoit ces mots, *mon Peuple*, sur une adresse que lui soumet un Ministre : « Ecrivez le Peuple françois ; si je ne peux » plus dire mon Peuple, du moins telle sera » toujours l'expression de mon cœur. »

Qu'il étoit le vrai Père du Peuple, le ROI qui prononça ces paroles touchantes : « S'il faut une seule goutte du sang de mon » Peuple pour le triomphe de ma cause, je » défends qu'on la verse. »

Qu'il étoit le vrai Père du Peuple, le ROI qui donna ce sublime mot d'ordre à ses Troupes contre le Peuple révolté : « *Épargnez mon Enfant.* »

Qu'il étoit le vrai Père de ses Sujets, le Souverain qui pouvoit avec vérité s'exprimer

ainsi : « Depuis deux heures je recherche
» en ma mémoire, si durant le cours de mon
» règne, j'ai donné volontairement à mes
» Sujets quelque juste motif de plainte
» contre moi ; eh bien ! je vous le jure en
» toute sincérité, je ne mérite de la part
» des François aucun reproche : jamais je
» n'ai voulu que leur bonheur. »

Qu'il étoit le vrai Père de ses Sujets, le Prince qui, la veille de sa mort, répond à M. de Malesherbes : « Déclarez à vos amis
» que je les remercie du zèle qu'ils me té-
» moignent ; toute tentative exposeroit leurs
» jours, et ne sauveroit pas les miens.
» Quand l'usage de la force pouvoit me
» conserver le trône et la vie, j'ai refusé
» de m'en servir ; voudrois-je aujourd'hui
» faire couler le sang françois ? »

Qu'il étoit le vrai Père de la Nation, le Prince qui, apprenant le rejet de son appel

au Peuple, se contente de dire : « Je n'au-
» rois point écrit ma dernière lettre aux
» Représentans de la Nation, si je n'avois
» été convaincu qu'elle pouvoit être plus
» utile au Peuple qu'à moi. Puisque la
» Convention n'a pas cru devoir prendre
» ma demande en considération, je suis
» prêt à subir mon sort. *Puisse le sacrifice*
» *de ma vie faire le bonheur du Peuple !* »

L'HISTOIRE saura découvrir à tous les siècles, qu'après votre Amour pour le Peuple, ce furent votre FIDÉLITÉ et votre DÉLICATESSE DANS LES ENGAGEMENS, qui causèrent votre Martyre.

L'HISTOIRE répétera ce que vous dîtes à un de vos Ministres : « Je suis fort éloigné
» de regarder la Constitution comme un
» chef-d'œuvre, je crois qu'elle a de grands
» défauts ; mais j'ai juré de la maintenir telle
» qu'elle est, et je suis déterminé, comme

» je le dois, à remplir mon serment. »
L'Histoire dira que, dès que vous eûtes
donné votre parole de ne plus quitter la
Capitale, vous rejetâtes avec fermeté, aux
dépens de vos jours, l'offre que vous faisoient Pétion et Manuel de vous conduire
hors des frontières de France. L'Histoire
rappellera cette conversation avec M. de
Malesherbes, lorsqu'il supposoit que la
Convention Nationale n'oseroit pas prononcer votre mort, et qu'elle vous con-
damneroit à la déportation. « Sire, vous
demanda le vieillard, si, rendu à lui-
même, le Peuple françois vous rappeloit,
votre Majesté voudroit-elle revenir ? » —
« Par goût, non ; par devoir, oui ; »
répliquâtes-vous sans balancer.

L'Histoire révélera que dans le moment critique du fatal procès, vous refusâtes
l'original de l'ordre du Maire de repousser

au dix août, la force par la force, ce qui étoit le grand argument de vos accusateurs, craignant de compromettre les jours de celui qui vous auroit remis cette pièce importante. L'Histoire rapportera vos paroles à M. de Malesherbes, qui vous demandoit pourquoi vous n'aviez pas gagné la plupart des Députés : « J'avois les moyens, » l'argent m'étoit prêté ; mais un jour il eût » fallu le rembourser des deniers de l'Etat, » je n'ai pu me résoudre à les faire servir à » la corruption. Les fonds de la liste ci- » vile n'étant que la seule représentation de » mes domaines, me laissoient peut-être » plus de liberté ; mais l'irrégularité du » payement, la nécessité de mes dépenses, » opposoient de grands obstacles. » L'Histoire publiera votre réponse à l'un des Seigneurs de la Cour, qui vouloit vous faire entendre la nécessité d'un Coup d'Etat :

« Croyez, Monsieur, que si vous étiez à
» ma place, la mort vous feroit moins d'hor-
» reur qu'un assassinat. »

Que seroit-il donc arrivé de si prospère, si vous aviez pu, Grand Prince, oublier à ce point les Lois de la Justice et d'une sainte Religion? La vigueur de Charles Ier l'empêcha-t-elle de perdre le trône et la vie? Pense-t-on qu'à la mort d'un Mirabeau ou de quelque personnage encore plus marquant, l'ambition infernale de tant de chefs audacieux, prêts à se remplacer les uns les autres, se fût éteinte du même coup? Pense-t-on qu'une génération démagogue, qui, dans son fol orgueil, s'étoit révoltée contre le Dieu qui commande l'obéissance au chef de l'Etat, eût souffert tranquillement un acte de cette nature? Une nuée orageuse d'écrivains, soi-disans Philanthropes, n'auroient-ils pas tonné de toutes parts, et excité un embrasement général par la commotion électrique de leurs écrits incendiaires ? Oui, Prince, en dépit de toutes ces clameurs qui vous reprochent aujourd'hui votre Justice comme Foiblesse, votre Conscience comme Incapacité, vous fûtes Saint dans vos prétendus Scrupules : mais vous ne fûtes pas moins Grand dans votre Prudence. Oui, votre Gloire resplendira prochainement, aussi bien devant ces Républicains crédules, qui, dupes de leurs vertus hautaines, ont écouté si légèrement les accusations mensongères de vos persécuteurs, que devant ces Erudits d'histoire, géants politiques, qui ne voyant point ce qui se passe autour d'eux, veulent de leurs regards percer jusque dans les nues ; et qui jugeant toujours l'avenir par le passé, s'imaginent que, dans toute circonstance, abattre le Chef d'un Parti, c'est détruire le parti même : comme si les hommes pouvoient asservir les événemens futurs à leur fausse prudence ; comme si leur fol orgueil pouvoit ravir au Souverain du monde le terrible pouvoir de *retremper,* par la douleur et par la pénitence, la mollesse impie des nations, qui n'ont pas su, dans leurs jours de bonheur, conserver la force de leur baptême !

Mais vous, vertueux LOUIS, vous sûtes toujours sacrifier la Politique à la Délicatesse de conscience. Que d'efforts infructueux ne fit-on pas pour obtenir votre consentement à une guerre contre les Anglois ! En vain on vous représente que le dernier traité est odieux ; *un traité, quel qu'il soit, est toujours sacré pour vous ;* et vous aimez bien mieux manquer l'occasion opportune de combattre avec avantage vos ennemis naturels, que de les combattre sans motif équitable. Eux-mêmes vous rendent cette justice, et con-

viennent que vos Ministres, ne pouvant vous décider à une rupture, furent obligés de vous y amener insensiblement par des entreprises particulières qu'ils avoient sourdement favorisées entre le Commerce François et les Colonies Américaines ; alors on attaqua l'une de vos frégates, et la guerre fut décidée. Vous vous reprochâtes avec raison, dans la suite, d'avoir souffert ces secours indirects, qui, s'ils sont dans le droit des Nations, ne peuvent être admis dans le for de la conscience ; et c'est en vain que Typoo-Saïb, quelques années plus tard, vous fait les offres les plus brillantes ; en vain avec un secours de six mille hommes qu'il réclame de vous, il promet de détruire la puissance des Anglois dans les Indes, et de vous assurer leurs possessions : « Ceci
» ressembleroit trop, dites-vous, à l'affaire
» de l'Amérique, à laquelle je ne pense

» jamais sans regret. On abusa de ma jeu-
» nesse en cette occasion. »

Que de candeur dans cet aveu! Ah! sans doute celui qui connoissoit si bien la dignité de sa Personne, devoit avoir à un éminent degré le sentiment de l'Honneur National.

Tout ce qui rappelle au Roi l'illustration de la France, lui devient cher et précieux. Il ordonne à M. d'Angiviller, intendant de ses bâtimens, de rassembler dans la galerie du Louvre les statues des illustres François, disant qu'il desire contempler, comme leçon et comme jouissance, les images de ceux qui avoient élevé si haut la gloire de son Peuple ; et il fait modeler, à la manufacture de Sèvres, ces statues, en proportions réduites, pour les distribuer dans ses appartemens intérieurs.

Qui remonta le courage de la Nation

après la défaite du comte de Grasse ? LOUIS-AUGUSTE. Lui seul ne se laisse point abattre par ce revers imprévu, et il communique à son Conseil, comme à la Nation entière, son imperturbable courage. Celui qui a craint de commencer une guerre injuste, ne veut que d'une paix glorieuse : son premier mouvement à cette victoire des Anglois, qui consterne la France, le fait s'écrier avec fierté : « Je suis prêt à » leur donner la paix, mais je dois à » l'honneur de mon Peuple de ne pas la » recevoir d'eux. » Et aussitôt il prend les mesures les plus vigoureuses, il fait les plus sages préparatifs.

Qu'il étoit grand et vrai ce sentiment de Gloire Nationale dans le cœur de LOUIS ! « Dans les contrées que vous allez décou- » vrir, disoit le ROI à M. de La Peyrouse, » appliquez-vous à naturaliser les arts

» utiles de l'Europe; laissez-y des instruc-
» tions sur la culture des productions de
» première nécessité ; portez-y nos instru-
» mens aratoires ; mais surtout *faites bénir*
» *le nom François.* »

Ses dangers ne lui sont rien; l'Honneur de son Peuple, voilà ce qui le touche. « Tout le monde sait les événemens de
» la nuit du 6 octobre, dit-il dans une de
» ses lettres, et l'impunité qui les couvre
» depuis près de deux ans. Dieu seul a em-
» pêché l'exécution des plus grands crimes,
» et a détourné de la Nation françoise
» une tache qui auroit été ineffaçable. »
Se rend-il ensuite à la barre de la Convention le funeste dix août, il pense moins au péril qui le menace, qu'au déshonneur qui va retomber sur la France. « Je suis
» venu ici, dit-il, pour éviter un grand
» crime : je me croirai toujours en sureté,

» ma famille et moi, quand je serai au mi-
» lieu des Représentans de la Nation. »
Plus tard, lorsqu'il est condamné, quelque
chose au moins le console ; c'est le rejet de
son appel au Peuple. Oh! combien mé-
ritent d'admiration les hautes pensées de
ce Monarque à la perte de ce dernier espoir !
« Vous vous affligez, mon cher Males-
» herbes, et moi je me réjouis ; l'honneur
» de mon Peuple est sauvé, puisqu'ils ont
» craint de le consulter ; on l'auroit con-
» voqué aux assemblées, les factieux l'en
» auroient écarté par la terreur, et l'Eu-
» rope auroit pu croire que mon Peuple
» m'a condamné ; cette idée m'eût acca-
» blé (1). La mort ne m'effraye point. »

François, voilà votre Roi ! cherchez
dans toute l'Histoire un mortel qui fût

---

(1) Louis connoissoit l'astuce et la fureur de ses
ennemis ; et tout en demandant cet appel, il avoit

DU BON ROI LOUIS XVI.  159

plus digne de vous gouverner. Voilà pourtant l'homme qu'on a voulu dépouiller de toute sa gloire, en lui déniant les qualités nécessaires pour porter la Couronne. Ne dites donc plus, que le Roi vous manqua ; mais avouez, dans les larmes du repentir, que dominés par une faction impérieuse, vous manquâtes à votre Souverain en chaque occasion ; et qu'en tout autre temps, il eût été le Monarque le plus heureux, comme il étoit le plus parfait des hommes.

Mais remarque, me dit alors LA VÉRITÉ, remarque cette jeune vierge au regard si sensible et si doux ; vois comme elle arrête

---

craint que la voix du Peuple françois ne fût comprimée ; mais il savoit très-bien qu'elle lui étoit favorable. C'est ce que fait voir l'opinion de M. de Sèze, Pair de France, sur la résolution de la Chambre des Députés, relative au deuil général du 21 janvier : on en trouvera un extrait à la fin de cet ouvrage.

le glaive de la Justice en lui présentant un funèbre manuscrit où resplendissent en lettres d'or ces touchantes paroles : *Je meurs innocent et je pardonne.* Je vous salue la plus belle de toutes les Vertus du ROI, je vous salue, ADMIRABLE CLÉMENCE : ah! moi-même je serois moins pénétrée de vénération pour LOUIS-AUGUSTE, si je n'avois étudié son ame dans ce précieux testament, qui seroit à lui seul un titre de gloire immortelle.

Telles furent les paroles que prononça LA VÉRITÉ : Toutes les Vertus de cette Sainte Réunion se rangèrent alors autour de LOUIS-AUGUSTE, qui m'apparut soudainement ; je vis chacune d'elles lui présenter une couronne, et le ROI s'élever au Ciel au milieu de ce pompeux cortége, qu'une musique mélodieuse rendoit encore plus imposant.

## GRANDEUR DU BON ROI.

Tant de belles qualités que l'on vit briller en Louis, furent-elles possédées en vain ; et le Gouvernement d'un Prince, si digne de respect, n'offre-t-il aucun signe de Grandeur, ni pour lui, ni pour son Royaume ? Gardons-nous de cette injuste pensée ; malgré toutes les oppositions que le Roi trouva, ses qualités ne furent point perdues, et son règne fut un des plus glorieux de la Monarchie.

Si Louis-Auguste est méconnu de quelques-uns de ses Sujets, il jouit dans le reste de l'Europe et d'une estime et d'une considération générales. Dès les premières années de son avénement au Trône, le roi de Prusse s'exprime ainsi à son égard : *Ce Prince paroît sage et mesuré, c'est un phénomène, rare à son âge, de posséder des qualités qui ne sont le fruit que d'une longue expérience.* Mais abandonnons les témoignages particuliers, et venons aux faits plus incontestables encore.

Son économie, ses sages réformes, mirent un tel ordre dans les Revenus du Royaume, que dès l'année 1776, il avoit opéré de très-forts remboursemens sur la dette constituée, et sur les anticipations. D'ailleurs, personne aujourd'hui n'ignore, que nos troubles ne furent point amenés par le mauvais état des finances, quoiqu'il en ait été le prétexte pour certains individus, qui, couverts du manteau de la Philanthropie, cherchoient à se populariser aux dépens de l'abnégation personnelle et de la véritable humanité de LOUIS-AUGUSTE (1). Nous savons tous, au contraire, que les vertus et les qualités du ROI rehaussèrent tellement le crédit public, qu'on put, sans créer d'autres impôts, subvenir aux dépenses d'une guerre maritime qui effaça la honte des derniers traités, et rétablit la France au premier rang des Nations.

En vain je cherche dans l'Histoire, une

---

(1) Qu'on juge, par le trait suivant, s'il est facile à un subtil calculateur de faire illusion au public sur le chapitre des finances d'un grand Empire, et combien il importe que le maniement n'en soit confié qu'à l'homme probe et véridique. Dans un Mémoire intitulé : *Nouveaux éclaircissemens sur le Compte rendu public*, au mois d'octobre 1788, Necker prouve arithmétiquement que le déficit annuel est de 160 millions; et six mois après il ne porte plus ce même déficit qu'à 56 millions, sans daigner apprendre à ses lecteurs dans quelle

époque plus glorieuse pour le nom François, que celle de l'alliance avec les Colonies Américaines. La Justice connue du ROI rassure les Puissances continentales, qui le voient sans envie augmenter de prépondérance. Sa Sagesse remplit de confiance les Puissances maritimes ; les engage à se joindre à sa cause, et à l'aider de tous leurs

---

mine il a puisé de quoi combler, en si peu de temps, 104 millions de ce déficit, et payer par conséquent plus de 2 milliards 80 millions. La Nation frivole glissa sur cette grossière contradiction de son cher Necker, et ne s'étoit pas plus aperçue, quand il publia ses *Nouveaux éclaircissemens*, qu'entre autres erreurs dans son calcul de déficit porté à 160 millions, il avoit inséré un remboursement à faire de 65 millions, comme si un homme du métier pouvoit, de bonne foi, classer au rang des dettes annuelles un capital qui n'est payable qu'une fois.

( *Mémoires du Fermier-général* AUGEARD. )

efforts. Sans doute nous ne fûmes pas toujours vainqueurs; mais quel nombre de combats illustres! combien de beaux faits d'armes! quel courage, quelle vigueur dans la guerre! quelle modération, quelle admirable grandeur pour nos Alliés, lorsqu'il fut question de la paix! Dans aucun autre temps je ne vois le Royaume des Lis exercer une plus grande influence, en considération de sa force et de ses ressources, en considération de la confiance qu'inspirent la justice et les qualités personnelles du Souverain.

La Marine françoise, dont on osoit parler à peine sous le règne de son prédécesseur, est relevée avec éclat; ou plutôt elle renaît comme par enchantement, à la parole d'un Prince qui en avoit des connoissances si étendues et si exactes, que tous les Marins disoient de lui, après l'avoir entendu à Cherbourg, qu'il les eût aussi bien commandés que leur brave Amiral au combat d'Ouessant. On ne peut contester aussi que cette foule d'Officiers de marine, dont les talens forcent l'admiration d'un Peuple rival, ne soit due aux soins actifs de Louis, aux encouragemens qu'il sut donner à propos, et distribuer avec grace aux La Clochetterie, aux d'Orvilliers, aux Bailli de Suffren, et à tant d'autres. Mais ceux-là même, qui les a formés, ou qui leur a donné une noble émulation, sinon Louis-Auguste qui, le premier de tous les Savans, après avoir lu l'ouvrage d'Euler sur la construction et la manœuvre des vaisseaux, proclame avec assurance que cet auteur mérite les bienfaits de tous les Rois, et qui lui fait un cadeau de cinq mille livres ?

La gloire de ses armes est si répandue

dans le monde entier, que Typoo, comme nous l'avons vu, se croit affranchi du joug pesant des Anglois, dont les possessions dans les Indes touchent aux siennes presqu'en tout sens, s'il peut engager le Prince dans sa querelle. L'honneur de son nom est si sacré, que le Roi de la Cochinchine, envoie son fils réclamer l'assistance de LOUIS contre des Sujets rebelles. Contraste bien singulier dans l'administration de cet univers! ce Monarque, qui jusqu'à présent paroît si étranger aux François, doit la conservation de sa Couronne au Souverain, qui tombe du trône au même instant, pour avoir opposé trop de vertus à la révolte de son Peuple (1).

———————

(1) Ce bienfait de Louis a fait accorder, en Cochinchine, de grandes faveurs aux Missionnaires catholiques.

Les Lettres et les Sciences doivent se souvenir aussi, que c'est aux vertus et à la piété de LOUIS-AUGUSTE, qu'on doit, malgré l'ascendant de Voltaire, d'avoir conservé parmi les écrivains qui ont respecté les mœurs, Laharpe, Gaillard, Rulhières, Roucher, Gilbert, Chabanon, Florian et tant d'autres. Le ROI, après s'être assuré par lui-même du mérite de ce savant ouvrage de l'abbé Durocher, *Histoire véritable des Temps fabuleux*, accorde une pension à l'Auteur, et lui fait dire qu'il est heureux de pouvoir récompenser le profond savoir qui honore son règne, et qui défend la Foi contre ses détracteurs. Le ROI, apprenant que Gresset a eu le courage de jeter au feu une pièce estimée supérieure à tout ce qui a fait sa réputation, mais qui est répréhensible sous certains rapports, gratifie ce poète de lettres de noblesse, où il fait insérer comme motif de cette faveur, que l'Académicien s'est rendu illustre par des ouvrages qui lui ont acquis une célébrité, d'autant plus juste, que la religion et la décence y ont toujours été respectées. Mais le règne de LOUIS ne seroit-il pas d'ailleurs assez glorieux, quand il n'auroit à offrir *dans la haute Littérature,* que les Etudes de la Nature, Paul et Virginie, de Bernardin de Saint-Pierre; les Jardins, le Poëme de l'Imagination, et la plus grande partie des autres ouvrages de l'abbé Delille; le Philoctète et le Cours de Littérature de Laharpe; les OEuvres dramatiques de Ducis; les Comédies de Collin d'Harleville; les Etourdis; le Tom Jones à Londres; le Monde Primitif, par Court de Gebelin; différens Mémoires à l'Académie des Inscriptions, et les Lettres de quelques Juifs portugais, par l'abbé Guénée; le Comte de Valmont, par l'abbé Gérard ; le Traité de la Religion, et le Dictionnaire de Théologie dans l'Encyclopédie méthodique, par Bergier : quand il ne présenteroit *dans l'Histoire,* que l'Examen des Historiens d'Alexandre et les Mystères des Anciens, par Sainte-Croix ; le Voyage du Jeune Anacharsis, par Barthélemy ; l'Origine des Lois, des Arts et des Sciences, par Goguet ; l'Esprit de la Ligue et l'Intrigue du Cabinet, par Anquetil ; les Eclaircissemens historiques, par Rulhières : quand il n'auroit donné *en Voyages,* que ceux de Naples et de Sicile, par Saint-Non ; celui de Suisse, par Laborde ; celui d'Egypte, par Savary ; celui de M. le Comte de Volney ; et le Voyage Pittoresque de la Grèce, par M. le Comte de Choiseul-Gouffier : quand il n'auroit produit *dans les Traductions de Langues Etrangères,* que l'Iliade et l'Odyssée, de Bitaubé ; la Retraite des Dix Mille et l'Hérodote, de Larcher ; la Cyropédie, de Dacier ; les Métamorphoses d'Ovide, de M. de Saint-Ange ; l'Essai sur l'Homme, de M. le Comte de Fontanes ; le Shakespear, de Letourneur ; l'Histoire de Charles-Quint, de M. Suard : quand il n'auroit fourni, *pour la première Education*, que les Conversations d'Emilie, par madame d'Epinay ; l'Ami des Enfans, par Berquin ; le Théâtre d'Education et les Annales de la Vertu, par madame de Genlis : quand il ne nommeroit, *dans la Géographie, l'Histoire Naturelle, l'Economie Rurale et la Médecine,* que Danville pour l'étude de la Géographie, les côtes de l'Archipel, les Antiquités de l'Inde ; Gosselin, pour la Géographie des Grecs analysée ; Fleurieu, pour ses Découvertes des François ; Valmont de Bomare, pour son Dictionnaire d'Histoire Naturelle ; Desmarets, pour sa

Minéralogie ; et Darcet, pour sa Minéralogie des Pyrénées ; Faujas de Saint-Fond, pour ses Volcans ; Lacépède, pour son Histoire des Ovipares ; Haüy, pour sa Structure des Cristaux ; Broussonnet, pour son Ichtyologie ; Bulliard, pour sa *Flora Parisiensis* et son Herbier de la France ; l'Héritier, pour son *Stirpes Novæ;* Desfontaines, pour son Voyage Atlantique ; Daubenton, pour son Instruction aux Bergers ; Parmentier, pour ses ouvrages d'Economie domestique ; Huzard, pour son Traité des Haras ; Rosier, pour son Cours d'Agriculture ; Lieutaud, pour sa Médecine Pratique, et sa Matière médicale ; Lorry, pour ses Maladies de la Peau ; Tenon, pour ses Réflexions sur les Hôpitaux ; Lassus, pour son Essai sur les Découvertes Anatomiques ; Vicq-d'Azyr, Desault, Roussel, Louis et Portal, pour leurs différens ouvrages : quand il ne réclameroit, *en Mathématiques,* que Borda, Lagrange, Laplace, pour leurs travaux dans les Mémoires de l'Académie des Sciences ; Lalande, pour ses Canaux de Navigation, et une partie de son Astronomie, concurremment avec le savant et modeste M. Delambre, qui ne travailloit point alors sous son nom ; Bossut, pour son Cours de Mathématiques ; Mauduit, pour sa Géométrie ; Cousin, pour son Astronomie physique ; Pingré, pour sa Cométographie ; Dionis Duséjour, pour ses mouvemens des Corps célestes ; Berthoud, pour son Traité de l'Horlogerie, et sa Mesure du Temps ; Perronnet, pour la description du Pont de Neuilly ; Prony, pour ses Equations indéterminées ; Montalembert, pour ses Fortifications perpendiculaires : quand il ne rappelleroit, *dans la Physique,* que Bertholon, pour son Electricité ; La Métherie, pour son Air pur et autres Airs ; Cotte, pour ses Traités, Mémoires et Observations de Météorologie ; Mongolfier, pour ses Découvertes aérostatiques, perfectionnées par les expériences de Charles et de Pilâtre du Rosier : quand il ne proclameroit enfin, *dans la Chimie*, que les travaux de Lavoisier et de Bertholet (1) ? Aucun autre règne pourroit-il présenter un si grand nombre de productions de premier mérite dans leur genre, que ce règne de si courte durée ? et cependant combien de noms distingués j'omets ici, pour ne pas multiplier

---

(1) J'aurois employé beaucoup de temps à former cette nomenclature des travaux des Sciences sous le Roi, sans la bienveillance dont m'honore M. Daunou. Cet estimable Savant a bien voulu m'éviter toute recherche à cet égard, en me fournissant une Notice exacte de tout ce qui a été publié sous le règne de Louis XVI.

les citations ! Peut-on, à plus juste titre, faire hommage de ces productions remarquables à la grandeur et à l'instruction d'un ROI qui répand ses largesses sur les Hommes de Lettres, anoblit Gresset, attire Lagrange dans ses Etats ! et ne seroit-il même pas permis de rendre gloire de toutes les belles découvertes de la Chimie jusqu'à ce jour, au Prince qui, au milieu des inquiétudes politiques, s'empresse de donner, de sa propre main, un témoignage particulier de son estime au célèbre Lavoisier (1) ?

---

(1) *Lettre du Roi à M. de Lavoisier.*

15 mars 1789.

VOTRE dernière Expérience, Monsieur, fixe encore toute mon admiration : cette Découverte prouve que vous avez agrandi la Sphère des Connoissances utiles. Vos Expériences sur le Gaz inflammable prouvent combien vous vous occupez

GRANDEUR

Les Arts ne cessoient pas cependant d'être encouragés avec munificence: car ce Monarque en étoit le vrai Protecteur, sans avoir l'ambition fastueuse d'exposer son chiffre à l'admiration sur toutes les places publiques. Il aimoit les Arts pour eux-mêmes, le Prince qui, dans le chemin de sa prison à l'Assemblée où l'on va décider de son sort, admire l'Arc triomphal de la Porte Saint-Denis, demande avec inquiétude s'il sera conservé, et jouit d'un moment de distrac-

---

de cette Science admirable, qui tous les jours fait de nouveaux progrès.

La Reine et quelques Personnes, que je desire rendre témoins de votre Découverte, se réuniront dans mon Cabinet, demain à 7 heures du soir. Vous me ferez plaisir de m'apporter le Traité des Gaz inflammables.

Vous connoissez, Monsieur, toute mon estime pour vous.

LOUIS.

tion dans ses peines, par l'assurance que ce monument doit être respecté en faveur du génie de l'Artiste.

Mais ce Musée dont nous étions si fiers, et qui malgré les pertes récentes, offre encore la plus admirable collection qu'on puisse voir en Europe, à qui devons-nous la plupart des chefs-d'œuvre qui nous en restent ? Les plus précieux tableaux de l'Ecole Flamande (1), ainsi que la Galerie de Saint-

---

(1) Le beau Paysage de *Berghem*, inscrit dans le livret des tableaux sous le n° 176 ; le fameux *Both*, n° 185 ; le célèbre *Cuyp*, n° 226 ; le superbe *Paul Potter*, n° 511 ; le précieux *Slingeland*, n° 630 ; le magnifique *Terburg*, n° 665 ; les deux charmans *Vinants*, n°s 745 et 747 ; tous les *van-der-Werf* ; tous les *van-Huyzum*, et ce sont les meilleurs de ce maître ; *la mère de Gerard Dow* ; l'Hôtel de Ville d'Amsterdam, de *van-der-Heyden* ; le Calvaire, et les Charlatans, de *Carles du Jardin* ; le

Bruno et celle de l'hôtel Lambert, furent acquis sous le règne et par les soins de Louis-Auguste. Il semble que la Justice Divine ait voulu venger de notre ingratitude la mémoire de Louis, en ne nous laissant que ce que nous tenions de son goût, de sa munificence ou de celle de ses ancêtres.

N'est-ce pas d'ailleurs le Roi, qui pensa le premier à faire faire annuellement un cer-

---

Marché aux Herbes, de *Metzu*; *la famille d'Adrien van-Ostade*; l'Hiver, d'*Isaac van-Ostade*; les deux petits Philosophes, de *Rembrandt*; et son chef-d'œuvre, le Ménage du Menuisier; le Coup de Soleil, de *Ruisdael*, et sa Forêt avec figures par Berghem; le Reniement de Saint-Pierre et l'Enfant Prodigue, de *Teniers*; l'*Adrien van-der-Velde*, si connu par la gravure de M. Denon; tous ces chefs-d'œuvre et tant d'autres qu'il seroit trop long de nommer, furent achetés pour le Roi par M. le marquis d'Angiviller.

tain nombre de Tableaux et de Sculptures, pour orner les Maisons Royales; et n'est-ce point à cet encouragement, que nous sommes redevables de la régénération de l'Ecole Françoise; que nous pouvons attribuer le vif éclat dont la Peinture et la Sculpture brillent maintenant en France? Ces grands Artistes qui ont rendu notre pays la patrie des Arts, ne se sont-ils pas formés sous les leçons des Julien, des Vien et des autres maîtres dont la protection et le goût du Roi avoient si bien apprécié, si bien dirigé les talens? Ne se sont-ils pas, comme le Corrège, reconnu le génie de la Peinture, en admirant les chefs-d'œuvre de leurs maîtres ou de leurs rivaux, exposés sous le règne de LOUIS-AUGUSTE: la Sainte-Geneviève des Ardens, le Président Molé, l'Atelier de Zeuxis, le Guillaume Tell, l'Education d'Achille, la Descente de Croix, le Déluge, le Serment des Horaces, la Mort de Socrate, le Bélisaire, la mort de Léonard de Vincy; et enfin toutes les belles Marines de Vernet?

N'est-ce pas sous son règne, que la Gravure fut relevée par les Berwick; la Typographie par les Didot; que la France vint disputer à l'Italie le sceptre de la Musique; et qu'au moment où Gossec ravissoit son auditoire par ses Symphonies, et où Giroult attiroit les véritables Amateurs à la Chapelle Royale par son *Passage de la Mer Rouge*, son *Regina Cœli*, son *Décalogue* et son *Quare fremuerunt*, une noble Emulation faisoit admirer aussi, tour-à-tour, dans les divers Spectacles de la Capitale, la belle musique de Gluck, Piccini, Sacchini, Grétry et Monsigny?

Cependant l'ancienne Coupole de la Halle aux Blés, la façade du Palais de Justice, les bâtimens du Mont-de-Piété, le

Couvent des Capucins, l'Hôtel de Salm, l'Hôpital de la Pitié ; cette immense clôture de Paris, dont chaque barrière ajoute encore par son élégante construction au grandiose du plan général ; la salle des Italiens, et celle du Théâtre François place de l'Odéon ; l'Ecole de Droit et l'Ecole de Chirurgie (1) prouvent que, sous son Gouvernement, l'Architecture ne resta pas en arrière des autres Arts. Lyon pour les travaux Perrache entre autres ; les villes de Bordeaux, de Marseille, de Nîmes, d'Aix et de Montpellier parlent encore avec reconnoissance des embellissemens et des travaux utiles dont elles

---

(1) En 1774, le Roi posa la première pierre de l'Amphithéâtre de l'Ecole de Chirurgie, commencée sous Louis XV. Louis XVI y fonda six lits, destinés à recevoir des Pauvres attaqués de maladies chirurgicales extraordinaires, et y créa une Chaire de Chimie et de Botanique.

lui sont redevables. Paris ne pourroit oublier sans ingratitude, que ses Ponts furent dégagés des masures qui les surchargeoient ; qu'on en construisit un nouveau d'une utilité reconnue ; que d'immenses travaux furent ordonnés *pour réparer d'antiques imprudences* (1), pour rassurer le Parisien contre l'effroi de voir crouler ses maisons dans des carrières abandonnées. Et cette superbe Avenue de Neuilly, qui, unissant sa magnificence à celle du beau Palais des Tuileries, cause au Voyageur une si juste admiration, peut assurément contraster avec avantage, pour la Grandeur du Roi, avec les énormes monceaux de pierres dont on eut tout récemment l'imagination d'accabler l'Etoile.

Si le port de Cherbourg, qu'on doit bien

---

(1) Expressions de M. l'abbé Proyart.

certainement à ses connoissances hydrographiques, ainsi que le nouveau bassin du Hâvre et celui de Toulon, le Port de Vendres en Roussillon, le Canal de Picardie, le Canal de Narbonne, embranchement du grand Canal de Languedoc, les Canaux de jonction de la Saône à la Loire par le Charollois, et de la Seine à la Saône par la Bourgogne, attestent la sollicitude du Roi pour la prospérité du commerce dans toute l'étendue de l'Etat, l'Humanité ne proclamera-t-elle pas aussi, dans tous les siècles, qu'il fit bâtir un hôpital pour les femmes en couches et leurs enfans; qu'il en établit un autre spécialement destiné aux malades indigens, qui, nés dans une classe supérieure, auroient rougi de se faire transporter à l'Hôtel-Dieu ; qu'il forma beaucoup d'autres Etablissemens dans ce genre ; qu'il éleva une Ecole gratuite et publique de boulangerie ; que pour honorer la charité de Saint-Vincent de Paul, il voulut qu'on lui élevât une statue ; qu'il fit l'acquisition de Remèdes utiles et qu'il les rendit Propriété publique ; qu'il porta la Fondation de Saint-Louis pour 300 aveugles, au nombre de 600 ; que ce fut son active Humanité, qui fit commencer à leur enseigner plusieurs Arts utiles, et notamment l'Imprimerie ; de même qu'elle fit perfectionner l'Instruction des sourds-muets, qu'on rendit capables de toutes les connoissances et de tous les travaux intellectuels ?

Personne en effet ne répandit plus efficacement que le ROI, par son exemple et ses propres sentimens, cet esprit de bienfaisance et d'humanité qui se laissa même apercevoir au milieu des horreurs de la révolution, et dont l'influence se propageant jusqu'à nos jours, parut souvent effacer les traces destructives du système de conquête, établi depuis cette époque. Ce n'est point un paradoxe d'avancer, qu'un Cœur aussi purement embrasé de l'Amour des hommes, aussi entièrement dévoué à leur faire tous les sacrifices, aussi constamment occupé de leur bonheur, avoit influé sur l'esprit de son Siècle ?

Honneur donc à LOUIS-AUGUSTE de tout le bien que les principes d'humanité opérèrent sous son règne, et même depuis sa mort, puisque ce fut lui qui imprima ce mouvement à ceux que n'avoit pas encore pervertis l'égoïsme du siècle.

Il y a mieux encore : quant aux Etablissemens publics, si nous jetons un coup-d'œil sur les améliorations qui ont été faites depuis vingt ans, nous reconnoîtrons qu'on en est redevable au ROI pour la plus grande partie; nous trouverons, que les Projets d'Embellissemens déjà exécutés, les Plans des Fondations utiles, actuellement finies ou seulement commencées, étoient, pour la plupart, dans les portefeuilles de ses Ministres; qu'ils avoient été inspirés par sa tendre sollicitude pour le Bien public et l'Honneur de son Peuple; et que l'exécution n'en avoit été retardée qu'afin d'éviter de nouvelles impositions. Ce Roi Pasteur n'eût pas voulu d'une gloire personnelle, souillée du sang ou des sueurs de ses Sujets.

Sous le rapport vraiment philosophique, ce ne sera point la culture de la Betterave qui, dans les annales de l'Histoire, effacera la restitution, faite par LOUIS à l'Agriculture, de nombreux terrains noyés sous les eaux; les Emprunts forcés de la révolution n'éteindront pas le souvenir des bienfaits de LOUIS-AUGUSTE, l'Abolition de la Solidarité par contrainte en matière d'Impôt, la remise du Droit de Joyeux Avènement, l'abolition du Droit de Main-morte dans ses Domaines, et la suppression du Droit d'Aubaine; et ce seront bien moins encore les Conscriptions successives, qui pourront faire oublier que LOUIS proclama l'abrogation de la Corvée et de la Question préparatoire, la nullité de tout engagement surpris, et la liberté de tout homme, qu'on voudroit faire servir dans un autre corps, que celui pour lequel on l'auroit engagé.

Voudroit-on enfin faire un parallèle sur ce coup-d'œil politique qui semble décider en maître de la prospérité des Etats? certes, le Blocus Continental, imaginé par un usurpateur et de trône et de gloire, fera ressortir brillamment l'admirable inspiration de LOUIS dans la guerre de l'Amérique, quand il connoît la détresse qu'elle apporte aux habitans de nos côtes maritimes, habitués à vivre du produit et du commerce de la Pêche. Tout le Conseil ne sait quel parti prendre : mais si les esprits ambitieux ne produisent que la misère et la douleur par leurs conceptions étroites, où le cœur n'est pour rien, ainsi qu'un Souverain illégitime nous l'a prouvé, les grandes ames, comme celle de LOUIS-AUGUSTE, enfantent l'abondance et le bonheur par la Charité dont elles sont remplies. LOUIS n'hésite pas dans cette circonstance à se livrer à son Humanité, qui lui découvre, ou plutôt qui lui soumet l'avenir. Il a tout pesé dans sa Sagesse, et aussitôt défenses sont faites et publiées dans tous nos ports, d'inquiéter à l'avenir les Pêcheurs Anglois, avec ordre précis de les assister et secourir comme des compatriotes. Cette mesure est à peine connue de nos rivaux, qu'elle devient réciproque ; qu'au milieu de l'animosité de la guerre, les barques des Pêcheurs des deux Nations sont également protégées ; et qu'un nombre considérable de familles, alors ennemies, se réunissent pour chanter les louanges du Prince magnanime dont toute la Politique est dans la Vertu.

Voilà pourtant ce que fit LOUIS, malgré un Ministre qui le trompe ; un Turgot qui se popularise par des réformes et des économies dont le ROI donne l'idée, et fait seul tous les sacrifices ; un Necker qui s'approprie le mérite de tous les plans utiles que le ROI seul inspire, et dont il commence seul l'exécution ; un Calonne, qui par sa légèreté, décrédite les projets les plus sages ; malgré une foule de conspirateurs qui avoient médité la perte de LOUIS, dès son avénement au trône, parce qu'ils avoient juré la chute de la Religion et de la Morale en France.

On auroit peine à citer un Homme d'Etat, indiqué comme Ministre habile par la voix publique, duquel LOUIS n'ait pas en vain essayé les talens. Seul il lui fallut souvent supporter tout le poids de la Royauté : la mort lui enleva Dumuy qui l'auroit guidé ; la mort lui ravit de Vergennes qu'il guida quelquefois lui-même, mais qui avoit et qui méritoit toute sa confiance. Les grandes choses opérées sous le ROI ne sont dues principalement qu'à lui. Les fausses mesures viennent de l'intrigue des Ministres que lui proposoit la voix toute puissante de la Nation, et que sa Modestie lui faisoit un devoir, dans cette solitude effrayante d'Hommes d'Etat, d'appeler au gouvernement du Royaume.

Une particularité cause tout mon étonnement ; c'est qu'au XVIII<sup>e</sup> siècle, où les Académies retentissoient du mot de Perfectibilité, où tous les Ecrits nous l'annonçoient avec emphase comme l'enfantement prochain et merveilleux de la Philosophie, le seul homme qui, laissant la Théorie de côté, marchoit dans la Pratique à grands pas vers ce but ; le seul homme qui, par son rang et sa naissance, étoit connu de tous, qui par sa bonté étoit chéri de la plupart, qui par sa puissance devoit être l'objet des flatteries d'un plus grand nombre encore ; ce seul homme, dis-je, à l'insçu de tous, résolvoit par la droiture de son esprit, par la franchise de ses affections, et par une piété véritable, ce grand problème de la perfectibilité, lequel n'étoit qu'un jeu d'imagination chez les Littérateurs du siècle, et qu'un appât trompeur dont se servoient les modernes Sages, pour capter l'estime publique. LOUIS résolvoit ce problême, dans la position la plus difficile : sur le Trône, où les devoirs du Souverain se trouvent souvent combattre les qualités aimables du cœur ; sur le Trône, où les douces affections de l'ame affoiblissent presque toujours les traits de la Majesté royale. Voilà pourtant le phénomène que présente LOUIS-AUGUSTE : non-seulement il a porté toutes les vertus jusqu'à la perfection, et il a possédé les qualités d'un grand Monarque, toutes sans exception, et au degré le plus éminent; mais encore il a élevé aussi haut qu'elles pouvoient atteindre, et la dignité du Sceptre et la gloire du Peuple qu'il gouvernoit.

Ce n'est pas cependant, que le ROI eût reçu de la Providence les dons les plus aimables, les qualités les plus solides, sans aucun des penchans qui pouvoient les faire avorter. LOUIS ne naquit point parfait :

DU BON ROI LOUIS XVI. 193

parlons plus franchement; il eut certaines dispositions, qui, de la plupart des individus, font des êtres égoïstes, violens, despotes et orgueilleux. Mais, à la gloire du Roi, ces défauts furent vaincus; il n'en resta même aucune trace. Il étoit né brusque et violent; il ne se permit jamais le moindre acte de despotisme. Il étoit porté à un tolérantisme universel, insouciant sur les actions des autres, ne pensant qu'à sa propre perfection; il fut d'une sévérité inflexible pour les Mœurs et pour la Religion. Il avoit un très-grand fonds d'amour-propre, et la conscience de la supériorité de son entendement; il fut toujours modeste. Il avoit cette passion de l'étude, cette activité de la réflexion, qui se suffit à elle-même, et rend souvent égoïste; il fut rempli d'amour pour son Peuple.

Chose étonnante dans les desseins de

Dieu ! ces défauts vaincus, qui produisirent les quatre plus grandes qualités de LOUIS, sa Justice, son Austérité, sa Modestie, sa Paternité Royale ; ces défauts avec lesquels il auroit pu encore être un grand Roi, avec lesquels il eût été peut-être un Monarque heureux ; ces défauts, dont l'influence auroit pu retarder la ruine de la Monarchie françoise ; ces défauts vaincus, qui seront éternellement le sujet de sa gloire comme homme, furent, par cela seul qu'ils ont été vaincus, l'occasion de sa chute comme Roi.

Justice de LOUIS, Austérité de LOUIS, Modestie de LOUIS, Paternité de LOUIS envers ses Sujets ; telles furent effectivement les causes occasionnelles qui amenèrent enfin à sa maturité cette conspiration de la Philosophie contre l'Autel, dès long-temps conçue, constamment tramée dans toute l'Europe, puis exécutée avec tant de scélératesse. Que pouvoit opposer Louis à des ramifications si nombreuses? son imperturbable vertu. Elle seule balança long-temps la ruine de la France, et fit échouer les complots les plus audacieux. Mais il falloit enfin qu'il succombât au milieu de tant d'ennemis. Son Austérité fit résoudre sa perte par ceux qui avoient abjuré toute morale ; sa Modestie, qui le trahissoit, le fit livrer à ses ennemis; sa Justice, restreignant son pouvoir, l'enchaîna de liens indissolubles; et sa Paternité pour son Peuple lui fit présenter sa poitrine à ceux qui vinrent pour l'assassiner.

En voulant montrer que LOUIS-AUGUSTE étoit rempli de toutes les vertus qui rendent le Roi respectable à l'égard de ses Sujets, et grande la Nation qui lui est soumise, ce n'est pas que je partage les opinions erronées de ces admirateurs d'un faux clinquant de gloire, qui ne voient la grandeur que dans le mouvement ou la création de choses nouvelles, sans approfondir si ces créations ont avancé la décrépitude du Peuple. Insensés! qui s'imaginent être grands eux-mêmes, si les victoires de leurs chefs ont agrandi de quelques provinces la terre qui les a vu naître, et qui méprisent tout Monarque dont l'Histoire ne raconte aucune bataille mémorable, ou dont le règne paroît absorbé dans un calme continuel de bonheur.

Dites-nous donc, audacieux censeurs, qui vous a donné le droit de juger les justices ; expliquez-nous d'après quelles règles invariables on peut établir, d'une manière certaine, des principes de conduite en politique, où la puissance de Dieu se trouvera liée par vos terribles lois ; où les événemens devront suivre et se succéder dans la route que vous leur aurez ouverte; où la mort d'un individu, et l'inspiration infernale de quelque génie ambitieux, ne pourront renverser vos savantes combinaisons. Cherchez enfin quelque institution à l'abri du petit grain de sable dont parle un homme aussi profond que vous pouvez l'être, le sublime Pascal. Alors, et seulement alors, il vous sera permis de peser le mérite des Rois au poids du bonheur de leur règne, ou de voiler leur vie criminelle sous les drapeaux de leurs victoires.

Que vous font, au surplus, ces jugemens erronés, ô LOUIS-AUGUSTE! Le Temps, cette image de la Sagesse, rejette tout ce qui est faux, et ne conserve que le souvenir de toute vérité. Il proclamera qu'humain sans ostentation, charitable sans prodigalité, époux sensible sans foiblesse, père tendre sans incurie, bon sans mesure, patient sans insensibilité, studieux sans égoïsme, sage sans vanité, juste sans dureté, pacifique sans mollesse, politique sans astuce, intrépide sans témérité, dévoué jusqu'à la mort pour vos Sujets, clément par excellence, vous avez porté les vertus privées et les vertus royales à leur plus haut période. Il dira.... Que ne puis-je exprimer convenablement toute mon admiration pour vous! Mais si ma vénération pour votre mémoire peut m'en rendre digne, venez, illustre Prince, venez aider mon insuffisance ; descendez du séjour de vérité où vous avez mérité de prendre place, et apprenez-moi toutes vos perfections, telles que les Anges les ont proclamées ; ou mieux encore, que les Cieux se déroulent, et me découvrent votre réception devant le trône de Jéhovah ; que j'entende sa voix terrible s'adoucir à votre aspect, et prononcer sur vous ce jugement glorieux qu'adorera la terre. « Approchez, fils de Saint Louis! ce que les

Anges de ténèbres m'ont rapporté contre vous, fut lavé dans votre sang ; et les Anges de lumière s'empressent tous à vous couronner. Venez prendre place à côté du bienheureux Louis IX ; avec satisfaction il vous verroit surpasser sa propre gloire. Parce que vous vous êtes résigné à être méconnu durant votre règne, j'ai fait que dans les siècles des siècles, il n'y a pas de Monarque plus grand que vous. Je me souviendrai à cause de vous, Roi selon mon cœur et selon ma science, du Peuple que vous aimâtes avec des entrailles de père. Je le châtierai une dernière fois, mais je le regarderai ensuite dans ma bonté : alors je répandrai ma grâce avec profusion sur tous les Peuples. Vous fûtes l'auguste victime des trames qu'on ourdit contre mon Eglise, je veux que votre gloire soit le sceau de ma réconciliation, et qu'ainsi les vertus et la piété d'un seul homme couvrent les crimes et les blasphêmes de dix nations. Je veux que le résultat d'un siècle de complots des impies, des illuminés, des faux Sages, soit dans l'instant même de leur triomphe, leur ruine éclatante, et la réunion de toutes les Eglises à celui qui me représente. Car j'éclairerai tout-à-coup les Rois sur l'avantage d'une Religion qui protége leurs trônes; j'épouvanterai les Peuples de ma justice, je les convertirai par ma miséricorde; j'oublierai les blasphêmes des sacriléges, et je veux qu'ils chantent mes louanges; j'atterrerai l'orgueil des prétendus Sages, jusqu'à leur faire avouer la vanité de leur science et de leurs vertus. Je ferai pleurer des larmes de sang à vos bourreaux. Vos juges se couvriront de cilice et de cendre. L'Europe sera sanctifiée par la pénitence; et je me montrerai alors, le Dieu bon, le Dieu clément. Pour vous, jouissez du prix de vos œuvres avec mes Saints, sur les marches de mon trône; mais vous ne serez glorifié sur la terre qu'après que toutes ces paroles seront accomplies. Fidèle à la règle que j'ai tracée, mon Peuple, plein d'admiration pour vos vertus, attendra pour implorer votre intercession auprès de moi, que les effets en soient manifestes, et que mon Vicaire ait consacré votre béatitude ».

Gloire à Dieu au plus haut des cieux, s'écrièrent alors de toutes parts mille chœurs d'Anges; voici ce qu'annonce le livre de vie : LOUIS - AUGUSTE DE FRANCE, *racheté le 23 mai 1754 (1), martyr le 21 janvier 1793. Malheur, malheur, malheur à la Terre! Des fleuves de sang inondent l'Europe. Un cheval roux la foule aux pieds; le pouvoir est donné à celui qui le monte de*

---

(1) Le Roi, né le 22 mai, n'a été baptisé que le 23.

*faire que les hommes s'entretuent, et on lui remet une grande épée* (1). Qu'est-il écrit encore, prononce l'Eternel? *Malheur, malheur, malheur!* reprennent les Anges, *le litron de blé vaudra une drachme, et trois litrons d'orge une drachme.* Voilà ce que prononce celui qui tient une balance et qui est monté sur le cheval noir. Juste envers les hommes, on refuse de l'être envers

---

(1) Ce passage, tiré de l'Apocalypse, a eu son accomplissement sous Buonaparte. La grande épée est une expression qui désigne un conquérant, et pour qu'on ne s'y méprenne point, Saint Jean l'indique dans un autre endroit par son propre nom, *Apollyon*, c'est-à-dire l'*Exterminateur*. L'on sait que *Napoléon* est le mot *Napollyon* francisé, qui est le même qu'*Apollyon* ou *Apolyon* : l'usage de plusieurs dialectes grecs étant d'ajouter la lettre *n* à la voyelle initiale des mots, et de doubler ou de simplifier la consonne du centre, quand elle est une des quatre lettres liquides *l*, *m*, *n*, *r*.

Dieu. Qu'est-il besoin d'autel, qu'est-il besoin de sacrifices, disent-ils dans leur orgueil? Soyons humains et charitables, c'est toute la loi de Jésus-Christ. Vos Prêtres, Seigneur, mendient leur pain. Quel coin de l'Europe veut bien encore reconnoître votre Vicaire? Mais vous allez frapper ces ingrats. Que diront-ils à leur lever, à la vue de ces champs qu'ils admiroient la veille dans la joie et dans le blasphême? Qu'est devenue cette récolte de si belle apparence? une seule nuit a tout perdu. Qui nourrira ces Peuples et ces enfans à la mamelle? l'inquiétude a tari le sein des mères, et ce que gagnent les hommes dans leur journée ne peut suffire à leur procurer une nourriture qui les conduise jusqu'au lendemain. Seigneur, serez-vous sourd aux cris de leur désespoir? Je n'ai rien entendu, dit le Saint des Saints, le repentir n'a pas touché leur cœur ; ils ne se sont pas prosternés devant mes Prêtres, ils n'y ont pas déposé leurs péchés. Qu'on se couvre de cilice et de cendre ; qu'on s'humilie selon les lois de mon Eglise ; que le peu que l'on possède me soit présenté pour offrande, et je rendrai tout au centuple ; que le sort de mes Ministres soit assuré, en raison du produit des récoltes, et je répandrai mes bénédictions sur les champs. Me sera-t-il donc plus difficile de les féconder de mes rayons ardens à la chute des feuilles, que de les frapper de glace au moment de la moisson?

Grace, grace! répètent de tous côtés les échos des cieux. Seigneur, ne détournez plus vos regards ; ayez pitié de vos enfans, la douleur les a rendus muets ; quel effrayant silence! tout est-il mort, tout est-il anéanti sur la terre? Mon Peuple revient à moi, dit le Très-Haut, il a reconnu que je l'ai frappé justement, et il se résigne. Il se tait, mais j'ai entendu tomber ses larmes. Que les Anges se réjouissent : ma féconde rosée va tout bénir et tout réparer !

Gloire à Dieu au plus haut des cieux, répètent les Anges ; les douleurs sont oubliées, l'espérance a séché les pleurs, l'hiver efface les maux de l'été, tout renaît dans le bonheur et dans l'abondance ; la charité embrase tous les cœurs ; les vierges ne sont plus sensibles qu'à votre amour, ô Très-Haut! les jeunes femmes oublient les vanités du monde et trouvent leurs plaisirs dans les exercices de votre loi. Ceux qui se faisoient servir sont les premiers à prodiguer leurs soins aux malades les plus rebutans. La terre se couvre de cellules de Saints, et de Pénitens qui pleurent le martyre de leur Roi. Vos temples ne peuvent plus contenir le nombre de ceux qui vous adorent. Des couvens s'élèvent de tous côtés, où les riches du siècle viennent consacrer leurs jours à la gloire de votre nom. Quelle touchante harmonie rivalise avec la musique des cieux! Les accens les plus purs, les voix les plus mélodieuses célèbrent vos louanges, ô Seigneur! Les plus grands talens se vouent à votre service, pour chanter vos hymnes et les accompagner de leurs instrumens harmonieux. Les concerts de vos églises électrisent tous les cœurs, et d'échos en échos l'on entend répéter ce chant d'amour: *gloire à Dieu au plus haut des cieux. Le Seigneur a regardé la terre d'un regard paternel, et a daigné la bénir en faveur de son nouveau Saint,* LOUIS-AUGUSTE DE FRANCE.

# OPINION DE M. DE SÈZE,

*Prononcée à la Chambre des Pairs le 9 janvier 1816, sur la résolution de la Chambre des Députés, relative au Deuil général du 21 Janvier.*

« Messieurs, vous croyez bien que moi, qui ai le cœur déchiré depuis tant d'années par le souvenir de l'inutilité même de mes efforts dans la cause sacrée; moi, dont la douleur sera éternelle, je ne réclame pas la parole uniquement pour appuyer une mesure d'expiation, qui, hélas ! n'a aucun besoin de secours, et qui en elle-même est si juste, si sage, si nécessaire, si conforme au vœu national, si ardemment sollicitée depuis long-temps par les vrais François, qu'il est bien impossible qu'elle rencontre ou qu'elle éprouve la moindre contradiction parmi vous. Mais puisque ce moment est enfin arrivé, Messieurs, je ne veux pas le laisser passer sans saisir cette grande occasion de vous révéler, dans cette majestueuse en-

ceinte, un fait dont moi seul peut-être j'ai connoissance, et qui, en même temps qu'il rentre
précisément dans cette mesure dont l'objet surtout
est de laver la Nation françoise de la calomnieuse
imputation d'avoir pris une part, au moins tacite,
au crime affreux qui lui a coûté tant de sang et de
larmes, est trop honorable pour elle pour rester
ignoré plus long-temps.

Je vais vous reporter, Messieurs, à une époque
bien déplorable; mais il faut que vous ayez le
courage d'y remonter un instant avec moi.

A cette époque, si fatale pour la France, et je
puis dire aussi pour le Monde, où quelques
hommes si indignes de ce nom, et qui déshono-
roient si honteusement la nature humaine, conçurent l'idée du plus atroce des parricides, ils
conçurent aussi l'exécrable projet d'y associer le
Peuple françois. Ils ne portoient pas dans ce mo-
ment-là le délire jusqu'à oser prendre sur eux le
forfait tout entier; ils auroient voulu que la France
en partageât l'éternel opprobre avec eux. Mais,
malgré tous les maux qu'ils avoient déjà faits à cette
France qu'ils avoient rendue leur victime, et à
quelques excès qu'ils eussent dépravé l'opinion

publique, ils n'étoient pas sûrs que le Peuple françois consentît à se rendre coupable, par son approbation, de complicité dans leur horrible attentat. Ils avoient le desir de lui soumettre leur jugement; ils cherchoient à éloigner d'eux la terrible responsabilité de ce jugement dans les siècles. Ils auroient voulu qu'il fût ratifié par le corps même de la Nation; mais ils n'osoient pas s'exposer à solliciter cette ratification, sans être certains d'avance de l'événement : ils cherchèrent donc à s'en assurer. Ils envoyèrent, dans la plus grande partie des départemens, des commissaires expressément chargés de sonder en secret les esprits, et de découvrir quel pourroit être le résultat du recours qu'on se permettroit de tenter. Dans d'autres départemens ils se contentèrent d'écrire aux autorités qu'ils avoient créées, et de leur demander aussi la même instruction. Mais heureusement pour la France, Messieurs, toutes les réponses furent les mêmes: de toutes les parties de sa vaste étendue, et les preuves les plus authentiques en ont passé dans le temps sous mes yeux, on leur déclara que s'ils avoient l'épouvantable audace de juger leur Roi, et encore plus celle de le condamner, et qu'on réunît partout les assemblées primaires pour leur soumettre cette condamnation, elle ne seroit jamais ratifiée. Alors, Messieurs, ne pouvant plus corrompre la Nation sur ce point, ils cherchèrent à se corrompre en quelque sorte entr'eux ; ils travaillèrent à réunir dans leur sein, en faveur de leur opinion, un nombre prédominant de suffrages ; et ils y parvinrent (1). Ce fut le 15 janvier qu'ils posèrent et agitèrent cette question fameuse : *Le jugement de la Convention nationale contre Louis, sera-t-il soumis à la ratification du Peuple ?*

Pendant que cette question s'agitoit, Messieurs, on avoit l'espérance que la nécessité de la ratification du Peuple pourroit être admise. Les défenseurs du Roi au moins, trompés par leur zèle, avoient eux-mêmes cette opinion ; le Roi la partageoit aussi avec eux. Ce Monarque infortuné me chargea même alors de faire un mémoire pendant

---

(1) Quelques Députés furent entraînés dans leur vote contre l'Appel au Peuple, par la crainte que cette mesure n'amenât la guerre civile, sans pourtant sauver le Roi. ( *Note de l'Editeur.* )

la nuit, et au moment où l'on procédoit à l'appel nominal sur cette question, pour pouvoir l'adresser sur-le-champ aux assemblées primaires dès qu'elles seroient réunies. Je fis ce mémoire, Messieurs......, mais le lendemain le résultat de l'appel nominal fut connu ; et toute la France apprit que 283 voix seulement s'étoient élevées en faveur du droit qu'on étoit forcé de lui reconnoître, et que 424 avoient rejeté son intervention. Ainsi se consomma contre la Nation ce crime particulier, qui devoit conduire au crime plus épouvantable encore d'une condamnation sans appel contre le plus juste, le plus vertueux, et le meilleur des Rois que le Ciel eût peut-être jamais montré à la terre, etc., etc. »

www.ingramcontent.com/pod-product-compliance
Lightning Source LLC
Chambersburg PA
CBHW051909160426
43198CB00012B/1823